UNIVERSITÉ

DE

CLERMONT-FERRAND

CLERMONT-FERRAND

TYPOGRAPHIE ET LITHOGRAPHIE G. MONT-LOUIS

Rue Barbançon, 2

1900

L'UNIVERSITÉ

DE

CLERMONT-FERRAND

CLERMONT-FERRAND
TYPOGRAPHIE ET LITHOGRAPHIE G. MONT-LOUIS
Rue Barbançon, 2

1900

AVANT-PROPOS

L'Université de Clermont, s'inspirant de l'esprit de la loi constitutive des Universités de province, s'attache à contracter une physionomie propre et originale, à tirer tout le parti possible des admirables ressources que la nature a réunies à sa portée.

La ville de Clermont occupe une position éminemment favorable; elle constitue le centre d'une vaste région géographiquement déterminée; une grande distance la sépare des autres villes universitaires, Toulouse, Lyon, Dijon, Bordeaux, Poitiers; c'est donc vers elle que convergent les jeunes gens de toute la contrée et elle n'est pas inquiète sur le recrutement des étudiants. Il y a dans le ressort de l'Académie un grand nombre de lycées et de collèges (7 lycées de garçons, 4 lycées de filles et 11 collèges communaux) dont les maîtres, pour préparer leurs examens, se mettent en correspondance avec les professeurs de l'Université, envoient des devoirs à corriger et viennent le jeudi suivre les cours.

L'Université de Clermont est malheureusement incomplète: elle ne possède pas de Faculté de droit. C'est là une fâcheuse anomalie qui oblige bien des enfants de l'Auvergne à aller poursuivre ailleurs le cours de leurs études et qui n'est pas sans porter atteinte à la prospérité des autres Facultés. Mais les raisons de réclamer la suppression de cette lacune sont si nombreuses et si fortes, des voix si autorisées se font entendre en faveur de la création d'une Faculté de droit à Clermont, qu'il y a lieu d'espérer qu'un événement si nécessaire ne se fera pas longtemps attendre.

L'Ecole préparatoire de Médecine et de Pharmacie est une des plus florissantes des départements. L'hôpital d'une grande ville, où les salles d'opérations chirurgicales ont été installées selon les dernières indications de la science, fournit aux étudiants des ressources précieuses pour les observations cliniques, pour les travaux pratiques et les dissections.

La Faculté des Sciences est peut-être de toutes celles qui ne sont pas établies près de Facultés de Médecine, la Faculté qui compte le plus grand nombre d'étudiants. Beaucoup se préparent au certificat d'études physiques, chimiques, naturelles; beaucoup conquièrent le grade de licencié ou même réussissent aux diverses agrégations. Elle a organisé plusieurs enseignements spéciaux : d'abord des cours de Chimie, de Botanique et de Zoologie agricoles, tout particulièrement consacrés à l'étude des ressources et des besoins d'une contrée qui produit en si grande abondance les céréales et les vins, mais qui se trouve si cruellement éprouvée par les maladies cryptogamiques. Une Station agronomique, placée sous la direction du professeur de chimie de la Faculté, a été fondée en 1873 par la Société d'agriculture du Puy-de-Dôme, avec le concours du Ministère de l'Agriculture, du Conseil général et de la Société des agriculteurs de France.

Le cours d'Électricité industrielle a pour objet de répandre les plus récentes découvertes de cette science, qui fait chaque jour de merveilleux progrès, et de provoquer de nouvelles recherches, de nouvelles applications; peu de pays sont plus riches que celui-ci en chutes d'eau qui fourniraient en abondance des forces motrices faciles à transporter à distance. La Faculté de Clermont est autorisée à délivrer un brevet d'électricité industrielle aux étudiants qui suivent avec fruit les exercices pratiques de ce cours.

A la chaire de physique est rattaché l'Observatoire météorologique du Puy-de-Dôme, inauguré solennellement en 1876, lors du Congrès de l'Association française pour l'avancement des Sciences, antérieur par conséquent à ceux du Pic du Midi, du mont Ventoux, de l'Aigoual, du Mounier et du Mont-Blanc. Construit à l'altitude de 1,450 mètres, sur un sommet isolé et dominant un immense horizon, au milieu du Massif Central, à égale distance de l'Océan Atlantique et de la Méditerranée, il est admirablement situé pour l'observation des phénomènes météorologiques; le télégraphe et le téléphone le relient à une autre station établie dans la vallée, à Rabanesse, de manière à permettre de comparer les indications des instruments; enfin il est en communication avec tous les autres observatoires et avec le Bureau météorologique central de Paris.

L'enseignement qui paraît appelé à prendre en Auvergne le plus brillant essor est celui de la Géologie et de la Minéralogie. Les anciens volcans d'Auvergne ont attiré de tout temps l'attention des savants ; ceux-ci s'accordent à déclarer que la solution d'un grand nombre des problèmes qui les préoccupent doit y être cherchée. Cette contrée unique au monde a été le théâtre de phénomènes géologiques d'une importance capitale ; ici on peut observer tous les caractères que présentent les phénomènes éruptifs ; là, les traces manifestes de la période glaciaire ; partout on trouve la plus merveilleuse variété de terrains, de roches, de minéraux. Les professeurs de géologie et de minéralogie étudient à fond ces trésors ; ils assemblent de belles collections, ils dirigent des excursions d'études et de recherches.

Comme annexe à la chaire de Zoologie, un laboratoire de Limnologie vient d'être créé par l'Université à Besse-en-Chandesse, au bord du lac Pavin. C'est le premier établissement fondé en France pour l'observation des animaux d'eau douce, poissons, crustacés et mollusques ; nous avions déjà des laboratoires marins à Wimereux, à Banyuls, à Endoume ; mais rien n'avait été fait encore pour la faune d'eau douce, tandis qu'à l'étranger, en Suisse, en particulier, on avait compris toute l'importance de cette étude. L'Auvergne possède un grand nombre de lacs et de cours d'eau fort intéressants à tous les points de vue : non seulement ils fourniront un précieux champ d'observations et d'expériences, mais par l'application des méthodes de la pisciculture moderne, ils permettront d'effectuer graduellement le repeuplement en poissons des rivières qui, descendant du Plateau Central, vont former les principaux affluents de la Loire et de la Garonne.

Une autre science semble devoir faire ici de grands progrès, c'est l'Hydrologie. Il existe en Auvergne un nombre considérable de sources minérales, chaudes ou froides. La plupart sont connues du monde entier et fréquentées par les baigneurs de tous les pays ; cependant il reste beaucoup à faire pour l'étude scientifique de leur composition, de leur emploi, de leurs propriétés. D'autre part, entre celles qui sont peu ou mal connues, il en est sans doute dont il y aurait lieu de tirer plus grand parti. Sans compter que la découverte des lois qui président à la formation, à la température et au régime des eaux minérales est un problème scientifique du plus haut intérêt.

La Faculté des Lettres, elle aussi, sans rien négliger des enseignements communs que l'on doit trouver dans toutes les Universités, s'est adjoint deux cours d'un intérêt non seulement local, mais général, et qui ne sauraient se développer ailleurs dans des conditions aussi favorables, un cours d'Histoire de l'Auvergne et un cours d'Art roman auvergnat. Tout le monde reconnait quelle est, au point de vue de l'histoire générale de notre pays, l'importance de l'histoire particulière des provinces et des villes, histoire qui ne peut être bien étudiée que sur place, en utilisant les archives, en mettant en lumière les ressources de toutes sortes dont de patientes recherches amènent la découverte : que d'événements considérables, aux différentes époques de notre histoire, se sont déroulés en Auvergne et y ont laissé des traces qu'il est intéressant de relever ! Quant à l'art roman, il a brillé en Auvergne d'un éclat extraordinaire, il a présidé à la construction de beaucoup d'édifices extrêmement remarquables, qui présentent des caractères parfaitement tranchés ; son influence a rayonné tout autour de cette province et s'est étendue fort loin ; une riche collection de photographies et de clichés pour projections permet de constater la physionomie de cet art vraiment original et de faire toutes sortes de comparaisons.

Là ne se borne pas l'ambition de la Faculté des Lettres : elle sait qu'un domaine plus vaste s'ouvre à son activité, que d'autres devoirs lui incombent. La langue de l'Auvergne, un des dialectes les plus curieux, les plus répandus et les plus vivaces des langues romanes, ses poésies, ses traditions, ses mœurs fournissent de magnifiques sujets d'études ; il y a une âme auvergnate qu'il faut arriver à connaitre, car l'Auvergne est une des provinces qui ont eu l'individualité la plus caractérisée et il importe d'aborder ce travail au plus tôt, car les progrès manifestes de l'uniformité d'un bout à l'autre de la France ne tarderont pas à rendre cette étude impossible ; la Faculté espère que les moyens lui seront bientôt fournis d'entreprendre cette œuvre et de la mener à bonne fin.

Dans son développement, l'Université de Clermont est puissamment aidée par la Société des Amis de l'Université. Fondée en 1898, elle compte déjà près de 600 membres. Sous ses auspices, des conférences publiques sont faites tous les vendredis soirs pendant l'hiver et attirent un public nombreux. Elle a aidé par ses subventions à la création des cours d'électricité industrielle et d'art roman auvergnat. De plus, elle a entrepris de faire exécuter des fouilles méthodiques au sommet du Puy-de-Dôme où les ruines immenses du Temple dit de Mercure doivent recéler encore de nombreux monuments de l'art gallo-romain. Enfin, pour attirer et retenir à Clermont le plus grand nombre possible d'étudiants français et étrangers, la Société se charge de leur procurer tous les renseignements dont ils peuvent avoir besoin ; elle s'occupe en particulier de centraliser, en même temps que les demandes des jeunes gens, les offres des familles qui se proposent pour leur fournir le logement et la nourriture tant à Clermont même qu'à Royat dont quelques-uns préféreront le séjour; elle s'applique à assurer à nos hôtes, dans des conditions de prix modestes, une installation confortable et un séjour agréable. En même temps, une autre société, le Syndicat d'initiative d'Auvergne a pris à tâche de rendre familières à un plus grand nombre de touristes les curiosités de ce pays en multipliant les moyens de transport, en mettant un frein à des cupidités aussi inintelligentes qu'importunes, en provoquant et en encourageant des réformes urgentes dans la tenue des hôtelleries qui donnait lieu à trop de plaintes.

L'Université de Clermont a déjà beaucoup fait ; elle n'ignore pas ce qui lui reste à faire et ce qu'on est en droit d'espérer d'elle. En attendant elle fait preuve d'activité et vitalité ; elle est pleine de confiance en elle-même et dans l'avenir.

CONSEIL DE L'UNIVERSITÉ.

MM. ZELLER, ✱, I ✿, Recteur de l'Académie, *Président*.

DES ESSARTS, ✱, I ✿, Doyen de la Faculté des Lettres, *Vice-Président*.

POIRIER, I ✿, Doyen de la Faculté des Sciences.

BOUSQUET, I ✿, Directeur de l'École préparatoire de Médecine et de Pharmacie.

JULIEN, I ✿, Professeur à la Faculté des Sciences.

GUICHARD, I ✿, Professeur à la Faculté des Sciences.

EHRHARD, I ✿, Professeur à la Faculté des Lettres.

DESDEVISES DU DEZERT, I ✿, Professeur à la Faculté des Lettres.

TIXIER, I ✿, Professeur à l'Ecole préparatoire de Médecine et de Pharmacie.

HURION, I ✿, Directeur de l'Observatoire du puy de Dôme.

FACULTÉ DES SCIENCES

A. — SCIENCES PHYSIQUES

PHYSIQUE GÉNÉRALE

Professeur : M. Hurion.

La durée de ce cours est de deux ans : dans la première année le professeur traite de la chaleur et de l'électricité ; la seconde année est consacrée à l'étude de l'acoustique et de l'optique. Toutefois, les deux parties étant indépendantes, les étudiants peuvent suivre les cours de seconde année sans avoir assisté aux cours de première année.

1re Partie. — Chaleur et Électricité.

Définition de la chaleur.

Le cours débute par la température à l'aide du thermomètre à hydrogène et par la comparaison du thermomètre à mercure avec le thermomètre à hydrogène. On définit ensuite la calorie et on décrit les différentes méthodes de mesure des quantités de chaleur.

Ces préliminaires établis, on passe aux expériences servant à déterminer l'équivalent mécanique de la chaleur et à l'étude du principe de Carnot. Dès lors, il devient possible de définir la température absolue et d'établir les formules générales de la thermodynamique.

On aborde ensuite l'étude détaillée des propriétés générales des gaz (compressibilité, chaleurs spécifiques, énergie intérieure) en appliquant à ces corps les formules générales précédemment établies.

La condensation des gaz et la vaporisation des liquides conduit à l'étude des vapeurs saturantes et à la notion de l'état critique et à celle des états correspondants.

On passe dès lors à l'étude des propriétés générales des liquides et à l'étude de la solidification et de la fusion, puis à l'étude des corps solides.

Enfin le cours de chaleur se termine par la définition et la description des méthodes de mesure de la conductibilité calorifique.

Les phénomènes de la chaleur rayonnante sont étudiés en optique.

Électricité.

L'étude du magnétisme précède celle de l'électricité et comprend la définition de l'unité de masse magnétique, la mesure en valeurs absolues d'un moment magnétique et de la composante horizontale du couple terrestre. Ensuite on définit le potentiel magnétique, on étudie tout spécialement les feuillets magnétiques et on termine par l'étude du magnétisme induit, puis on examine celle de la susceptibilité et de la perméabilité magnétiques.

Dans l'étude de l'électricité statique, calquée en général sur celle du magnétisme, on prend pour unité d'électricité une quantité a fois plus grande que celle qui serait déduite des actions à distance. Cette quantité a est conservée dans toutes les formules théoriques. On insiste tout spécialement sur la variation du pouvoir inducteur spécifique avec les conditions expérimentales.

On commence l'étude de l'électricité dynamique par celle de l'action des courants sur les aimants et l'assimilation des circuits traversés par un courant aux feuillets magnétiques. De là résulte la définition et la mesure de l'intensité d'un courant. Passant alors aux actions calorifiques des courants, on définit la résistance et on indique une première méthode de détermination de l'Ohm. La loi de distribution des potentiels dans un fil traversé par un courant conduit à la définition de l'unité de force électromotrice. — Ces notions fondamentales établies, on indique les méthodes de comparaison des résistances et des forces électromotrices.

On fait ensuite une étude complète des actions caloriques du courant et des piles thermo-électriques, puis une étude semblable des actions chimiques du courant et des piles hydro-électriques.

Avant d'aborder les phénomènes d'induction, on étudie l'action de la décharge d'un condensateur sur un galvanomètre d'où on déduit la notion d'unité d'électricité et la mesure de la quantité a qui était encore indéterminée.

L'étude des lois de l'induction fournit les moyens de déterminer une résistance en valeur absolue et permet de donner une idée générale des machines dynamo-électriques.

Enfin le cours se termine par l'étude des oscillations électriques et l'établissement des équations générales du champ électro-magnétique.

2ᵉ PARTIE. — ACOUSTIQUE ET OPTIQUE.

Dans cette partie du cours on traite en même temps les questions d'acoustique et d'optique qui offrent entre elles les plus grandes analogies.

On débute par les méthodes de mesure de la hauteur d'un son qu'on applique à l'étude des vibrations des cordes. Puis on cherche la vitesse de propagation dans l'air et on établit les formules théoriques.

L'étude de la diffraction du son sert d'introduction à celle de la diffraction de la lumière qui permet une première détermination des longueurs d'onde lumineuse. Pour déduire de ces dernières la durée d'une vibration lumineuse, on est conduit à décrire les expériences qui ont permis de mesurer la vitesse de la lumière.

L'étude de la réflexion donne les moyens de réaliser en optique des phénomènes d'interférence et, en acoustique des ondes stationnaires d'où résulte un moyen indirect de déterminer la vitesse du son. Ces ondes stationnaires donnent en outre l'explication des lois des tuyaux sonores dont on donne la théorie ainsi que celle des résonateurs.

Les lois de la réfraction conduisent à l'étude du prisme et des lunettes ainsi qu'à la description du spectroscope et des procédés de l'analyse spectrale.

On étudie ensuite les phénomènes de diffraction dans les lunettes et les réseaux plans et concaves, ce qui conduit aux méthodes de mesure des longueurs d'onde calorifiques, lumineuses et chimiques.

L'étude des phénomènes d'interférence des lames à faces parallèles et celle des anneaux de Newton permet de donner la théorie des expériences de Michelson.

Enfin on termine cette première partie du cours par la description des appareils servant à mesurer les indices de réfraction des solides, des liquides et des gaz.

La seconde partie du cours débute par l'étude des lois de la double réfraction dans les uniaxes et dans les biaxes. On passe ensuite à l'étude de la polarisation rectiligne et à celle de l'interférence des rayons polarisés. On peut alors donner la théorie des couleurs des lames minces cristallisées et des franges obtenues en lumière convergente : d'où résulte le moyen de reconnaître les signes des cristaux.

On aborde alors l'étude de la polarisation rotatoire et de la saccharimétrie, puis celle de la polarisation rotatoire magnétique.

Enfin on termine par l'étude de la polarisation elliptique et son application à la réflexion de la lumière polarisée.

On compare les résultats de l'expérience à ceux qui sont donnés par les formules générales du champ électro-magnétique, ce qui permet d'exposer la théorie électro-magnétique de la lumière.

ÉLECTRICITÉ INDUSTRIELLE
(Cours complémentaire).

Professeur : M. Hurion.

La durée du cours est de deux ans. — Dans la première année on s'occupe plus particulièrement de l'étude du courant continu et dans la seconde de l'étude des courants alternatifs.

1re Partie

Le cours débute par l'étude des aimants et l'on indique sommairement comment on peut mesurer en valeurs absolues la composante horizontale du couple terrestre et le moment magnétique d'un aimant.

On passe ensuite aux actions produites sur les aimants par un fil traversé par un courant électrique, ce qui conduit à définir et à mesurer l'intensité d'un courant. — On décrit alors les ampèremètres et les électrodynamomètres.

La notion de la résistance des conducteurs se déduit de l'étude de l'action calorifique des courants, et on indique comment on peut ainsi déterminer une résistance, puis on définit l'Ohm.

La définition du Volt est une conséquence de la loi de distribution des potentiels dans un fil traversé par un courant. — On décrit les voltmètres.

L'étude des lois des courants conduit aux méthodes de comparaison des résistances et des forces électromotrices qui sont composées en détail ainsi que les moyens de graduation des ampèremètres et des voltmètres industriels.

On aborde alors l'étude générale des lois de l'induction et on les applique à la mesure de la perméabilité magnétique du fer en insistant sur les phénomènes d'hystérésis.

Ces notions générales acquises, on étudie en détail le mode de fonctionnement d'une machine magnéto-électrique (type Gramme ou Siemens).

On indique ensuite le principe des machines dynamo-électriques et on décrit les principaux types de machines, en série, en dérivation en compound. Pour chacun de ces types on établit les formules générales et on indique comment on peut pratiquement construire les courbes caractéristiques et déterminer le rendement électrique et industriel.

Les mêmes machines sont ensuite étudiées comme moteurs et on détermine leurs caractéristiques mécaniques et leurs rendements. Comme conclusion on s'occupe du transport de l'énergie.

L'étude des actions calorifiques conduit à traiter la question de l'éclairage par incandescence et de la distribution de la lumière dans un atelier ou un quartier d'une ville. — On traite en même temps la question de l'éclairage par les arcs électriques.

Les lois des actions chimiques des courants permettent de comprendre les procédés de préparation industrielle de certains métaux et de calculer la puissance mécanique nécessaire. Enfin elles permettent d'expliquer le mode de fonctionnement des accumulateurs dont on étudie le rendement.

2ᵉ Partie

L'étude des effets d'une machine magnéto-électrique simple à courant alternatif permet de définir la force électromotrice efficace et de la mesurer à l'aide de l'électromètre ou du voltmètre calorifique. On décrit alors les voltmètres pour courants alternatifs et on signale les particularités des forces électromotrices sinussoïdales.

On fait ensuite une étude semblable pour les ampèremètres à courants alternatifs.

On passe à l'étude des conducteurs présentant un coefficient de self induction et des circuits comprenant un condensateur. On donne l'expression de la puissance mise en jeu dans ces circuits parvenus par un courant alternatif et on indique les dispositifs expérimentaux permettant de mesurer cette puissance.

On étudie alors les différents types de générateurs à courants alternatifs et la manière dont on peut les grouper.

Passant au problème de la distribution de l'énergie par les courants alternatifs, on donne la théorie des transformations et la manière de mesurer leur rendement.

On aborde ensuite l'étude des courants polyphorés et des propriétés des champs tournants.

Enfin on consacre les dernières leçons à la description et à la théorie des moteurs à courants alternatifs.

CHIMIE

Professeur : M. Parmentier.

Le cours de chimie est bisannuel. Le 1ᵉʳ semestre est consacré à l'étude des métaux ; le 2ᵉ semestre est consacré à l'étude des premiers composés de la chimie organique : carbures, alcools, aldéhydes.

La deuxième année d'enseignement est réservée à l'étude des lois générales de la chimie pendant le 1ᵉʳ semestre, puis pendant le 2ᵉ semestre à l'étude des autres dérivés de la chimie organique.

Cours de chimie agricole (semestre d'hiver). — Etude de l'atmosphère. Rôles des différents éléments même rares, sur la terre, sur les végétaux et sur les animaux.

Les eaux ; leur origine ; leurs transformations au sein de la terre ; variation de leur composition ; utilisation des différents principes qu'elles contiennent par les plantes et par les animaux.

La terre arable ; son origine ; ses transformations physiques et chimiques ; effets du labour et des cultures.

Des engrais ; leur origine ; leur utilisation ; pertes causées à l'agriculture par le mauvais entretien des fumiers de ferme et des résidus animaux ; nécessité de recourir aux engrais chimiques.

Des principaux produits de l'agriculture : le pain et le vin.

Station agronomique du Centre. — Le directeur de la Station est le professeur de chimie de la Faculté des Sciences.

Les travaux faits à la Station sont tous ceux qui intéressent l'agriculture, particulièrement les analyses des matières agricoles, eaux, terres, engrais, produits naturels ou d'industrie.

De nombreux jeunes gens sortant des écoles d'agriculture ont été et sont admis à continuer leur instruction dans les laboratoires de chimie.

Le Directeur se tient toujours à la disposition des agriculteurs pour les guider et les aider de ses conseils.

Transformations que doit subir le blé avant d'être employé d'une façon utile pour l'alimentation de l'homme et des animaux.

Des matières alimentaires et de leur falsification.

Cours d'hydrologie (semestre d'été). — Des eaux minérales en général.

Etude spéciale des eaux de Royat, de Clermont et des environs, de Châtelguyon, de Vichy, de la région de Saint-Nectaire, de la Bourboule et du Mont-Dore.

Les documents de toute nature recueillis sur les lieux sont conservés dans le laboratoire de chimie.

MINÉRALOGIE

Maître de conférences : M. Ph. GLANGEAUD.

L'Université de Clermont-Ferrand jouit de l'important privilège, au point de l'enseignement de la minéralogie, d'être située dans une des régions du monde les plus riches en minéraux. A côté de l'enseignement théorique des cours et pratique du laboratoire, il est donc possible ici de montrer aux élèves de nombreux gîtes minéraux et de leur faire comprendre, *de visu*, la façon dont ils se sont formés et leurs conditions de gisement.

Les sources thermales qui jaillissent en des milliers de points de l'Auvergne permettent d'assister, aujourd'hui encore, à la genèse d'un certain nombre d'espèces minérales.

L'élève initié, à la Faculté, aux méthodes d'analyse et de synthèse, achève de compléter son éducation sur le terrain. La minéralogie est ainsi envisagée sous tous ses points de vue: géométrique, physique, chimique, géologique et biologique.

Les volcans de l'époque permo-carbonifère avec leur cortège de roches porphyriques; ceux, plus récents, des époques oligocène, miocène, pliocène et quaternaire avec leurs variétés de roches acides, et basiques (trachytes, andésites, phonolites, labradorites, basaltes, etc.) et les produits minéraux qui accompagnent ces roches fournissent des documents que l'on peut étudier en soi et dans leurs associations. Cette région volcanique, unique en France, offre ainsi, en dehors de son charme, un attrait puissant et une source presque inépuisable d'observations. Aussi a-t-elle donné lieu à des travaux remarquables, tant de la part des savants français que des savants étrangers.

Les excursions faites par le professeur de minéralogie permettent aux élèves d'observer, presqu'aussi bien que dans un volcan en activité, dans quelles conditions s'est effectuée la venue au jour des roches volcaniques et des minéraux qui les escortent. Ils peuvent recueillir abondamment tous les types éruptifs anciens et récents, depuis les granites, diorites, syénites, etc., jusqu'aux trachytes phonolites, basaltes et un grand nombre de minéraux: soufre, alunite, tridymite, amphibole, pyroxène, hypersthène, zircon, corindon, fer oligiste, etc.

Le terrain primitif, très variable dans sa modalité, offre aussi un champ d'études où l'on fait continuellement des découvertes. Les minéraux de métamorphisme : grenat, tourmaline, disthène, etc., abondent en certains points.

Quant aux minerais, ils donnent lieu à des exploitations qu'il est instructif de visiter tant au point de vue théorique, qu'au point de vue spéculatif (mines d'étain et d'amblygonite de Montebras; mines de cuivre de la Prugne; mines de plomb de Pontgibaud; mines d'antimoine de Massiac ; mines de pyrites de fer, etc.)

Les bassins houillers de Saint-Etienne, de Brassac, de Commentry, de Saint-Eloi; les gisements de bitume, de tripoli, de gypse, de bauxite, etc., fournissent des remarques très importantes.

Il n'est pas jusqu'aux hauts-fourneaux qui n'offrent leur contingent d'observations, par la reproduction, les synthèses minérales, que présentent leurs scories ou leurs coulées.

Ainsi, l'étudiant, grâce aux multiples exemples qu'il a sous les yeux s'intéresse davantage à la science minéralogique.

Il apprend donc non seulement à analyser dans un laboratoire, mais à observer sur le terrain; aussi l'attrait de la minéralogie va-t-il en grandissant à mesure qu'il l'approfondit.

Le programme du cours est le suivant :

Premier semestre : Cristallographie, étude physique et chimique des minéraux.

Deuxième semestre : Etude des espèces minérales, en insistant principalement sur celles qui sont propres à l'Auvergne.

Des conférences et des manipulations complètent l'enseignement théorique.

Les excursions minéralogiques organisées pendant la belle saison sont annoncées par des affiches et par la voie de la presse. Celles qui sont projetées pour l'année 1900 sont les suivantes :

1° Massif du Mont-Dore (roches éruptives, minéraux, sources thermales et anciens dépôts);

2° La chaîne des Puys (Louchadière, Chopine, Chaudron, Pariou);

3° Mines de Pontgibaud (plomb, fluorine, barytine, etc.);

4° Mines d'étain de Montebras (elvan, amblygonite, wavellite, molybdène, cassitérite, etc.);

5° Mines de houille de Commentry (roches porphyriques, houille, minéraux des houillères embrasées). Néris (fluorine, etc);

6° Vichy (dépôts des sources thermales anciennes et récentes); les Célestins, roches porphyriques de la vallée du Sichon, filons de plomb, de baryte, de fluorine dans les tufs porphyriques, etc.

B. — SCIENCES NATURELLES

GÉOLOGIE

Professeur : M. P.-A. Julien.

L'Auvergne ou plus exactement le Plateau Central, dont Clermont était la capitale scientifique, littéraire et artistique bien avant la fondation de l'Université actuelle, est une grande école de géologie dont la renommée s'étend dans le monde entier. Les traces grandioses des plus beaux phénomènes géologiques s'y rencontrent à chaque pas, et l'on ne s'étonne plus que cette contrée privilégiée ait vu naître chez beaucoup de ses enfants une réelle vocation pour les sciences naturelles, que plusieurs même dans la nombreuse phalange de naturalistes dont elle s'honore aient acquis une célébrité très justifiée. Au siècle dernier, l'abbé Giraud-Soulavie, Faujas St-Fond et le comte de Montlosier brillent au premier rang. Les deux premiers, bien que nés sur les confins du Plateau Central, ont acquis droit de cité par leurs remarquables œuvres sur les volcans du Vivarais, du Velay et de l'Auvergne. Dans le cours du siècle présent viennent s'ajouter Bertrand de Doue qui établissait magistralement dès 1818 la géognosie de la Haute-Loire, les deux de Laizer, de Chalaniat, l'abbé Croizet, Pomel et Bravard qui faisaient connaître au monde savant, dont l'attention était vivement surexcitée par les magnifiques travaux de Cuvier, les merveilles paléontologiques de l'Auvergne; Lecoq et Bouillet dont l'infatigable ardeur s'exerçait sur tous les sujets, minéralogie, géologie, hydrologie, conchyliologie, botanique et jusqu'à l'archéologie si pleine d'intérêt de la France centrale. Nous ne citons que les plus célèbres, ceux qui par leur génie d'observation non moins que par les services qu'ils ont rendus à la science rivalisent de gloire avec les grands naturalistes français et étrangers qui se sont plu, depuis un siècle et demi à visiter notre pays, à l'étudier, à faire jaillir de son sein des lumières pour la solution des plus difficiles problèmes de la géologie. Soit qu'il s'agit, en effet, de la vieille querelle des Neptunistes et des Plutonistes, ou de la célèbre et non moins étrange question des cratères de soulèvement, ou bien de la théorie des phénomènes volcaniques, l'Auvergne n'a cessé d'être le champ de bataille où se sont livrées ces luttes parfois épiques, luttes qui s'y livreront encore, car des problèmes nouveaux ont surgi. Les brèches houillères, les conglomérats trachytiques du Cantal, les pépérites tertiaires et l'âge des domites du Puy-de-Dôme nous présagent par la diversité des opinions émises, de nouvelles luttes dont profiteront à la fois et la géologie spéciale de la région et la géologie générale.

Il suffira, pour notre justification, de citer parmi les morts les plus illustres, dont le nom est inséparable de l'histoire géologique de l'Auvergne, Guettard et Lamoignon de Malesherbes, qui en découvraient les volcans en 1752; Desmarest qui identifiait les basaltes, aujourd'hui privés par l'érosion aqueuse de leur appareil extérieur avec les laves émanées des volcans à cratères; Dolomieu qui, par l'observation de la superposition des volcans au granite fondamental, ruinait toutes les théories professées par Buffon, Lémery, Werner et tant d'autres; d'Aubuisson des Voisins, de Saussure, Humphry Davy qui, au plus fort des guerres du premier Empire, obtenait de Napoléon un laissez-passer pour visiter les volcans du Puy-de-Dôme dans l'intérêt de sa théorie chimique; Alexandre Brongniart qui révélait l'origine lacustre de nos terrains tertiaires, Léopold de Buch qui baptisait la roche du Puy de Dôme du nom de Domite, et cherchait dans la liaison fortuite et accidentelle du pliocénique puy Chopine avec le quaternaire cône d'éruption du puy des Gouttes, mais dont il ignorait les âges différents, un argument décisif en faveur de sa théorie des cratères de soulèvement, d'Omalius d'Halloy, Ramond, Fournet qui étudiait les particularités et la genèse des filons de Pontgibaud, Elie de Beaumont qui cherchait à justifier dans l'étude du Mont-Dore et du Cantal la théorie de Léopold de Buch et de Humboldt, Dufrénoy qui l'éxagérait au point de l'appliquer au classique et idéal cône d'éruption de Pariou; Constant Prévost et Lyell qui la combattaient énergiquement, Murchison qui étudiait avec son célèbre compatriote nos bassins tertiaires et nos grands volcans et découvrait en 1852 des fossiles carbonifères marins dans la vallée du Sichon; Forbes, Daubeny, Steininger qui comparait les cônes éruptifs de l'Auvergne et ceux de l'Eifel; le capitaine Rozet, Amédée Burat et le grand vulcaniste anglais Poulett-Scrope qui illustrait les volcans de la France Centrale dans un magnifique ouvrage et les rendait si populaires en Angleterre et sur tout le continent. A ces noms célèbres nous devons ajouter la pléiade ininterrompue des savants comtemporains qui se plaisent, soit à scruter à l'aide du microscope nos roches éruptives anciennes et modernes: tels MM. de Lasaulx, Fouqué, le célèbre historien de Santorin, Michel-Lévy, l'éminent directeur du Service de la Carte géologique détaillée de la France, Termier et un grand nombre de pétrographes allemands, soit à étudier avec les lumières fournies par l'anatomie et la botanique, les richesses incomparables de nos innombrables gisements d'ossements et de plantes fossiles, par exemple : MM. Alphonse Milne-Edwards, Filhol, Rütimeyer, qui ont décrit les oiseaux et les mammifères fossiles de Saint-Gérand-le-Puy, de Gannat, de Cournon, de Gergovia; de Ronzon; M. Sauvage, les poissons; M. Oustalet et Charles Brongniart, les insectes fossiles; MM. l'abbé Boulay et de Saporta, les flores tertiaires; Grand'Eury, Zeiller et Renault, les plantes de nos bassins houillers. Cette liste pourrait facilement s'allonger. Quant aux visiteurs annuels de notre merveilleuse région qui viennent le plus souvent incognito, mais que la nouvelle Université de Clermont sera heureuse d'accueillir dans ses murs et dont elle s'efforcera de faciliter les études, leur nom véritable est légion.

On comprend qu'un passé aussi glorieux et qu'un présent aussi riche de travaux de premier ordre et de publications pour ainsi dire intarissables, impose un caractère spécial et une direction particulière au cours de géologie générale professé à la Faculté des Sciences de Clermont, et que l'on ne saurait trouver réalisés au même degré dans les autres facultés françaises.

On en jugera par l'exposé qui suit :

Ce cours à une durée de deux années.

Cours de 1re année. — Dans le cours de première année, le professeur étudie avec toute l'ampleur nécessaire les phénomènes géologiques actuels, dont la connaissance approfondie éclaire d'une vive lumière les phénomènes anciens si variés dont le Plateau central a été le théâtre.

Au premier rang se placent les phénomènes volcaniques et les phénomènes glaciaires. Les phénomènes volcaniques sont étudiés avec leur cortège d'émanations variées, sublimations salines, sources thermales, sources carburées, dégagements de gaz dont l'Auvergne offre tant d'exemples classiques. Le professeur fait connaître la nature des laves émises à l'époque actuelle par les volcans disséminés à la surface du globe et établit leur comparaison avec les laves et les roches éruptives du Plateau central rejetées à l'époque tertiaire. Puis, remontant le cours des âges, il étudie les produits éruptifs des époques hercynienne et calédonienne, c'est-à-dire la nombreuse variété des roches porphyriques et mélaphyriques, des granits et des granulites, des roches basiques, amphiboliques ou pyroxéniques qui toutes, sans qu'on puisse citer d'exception importante, sont représentées dans la France centrale, extraordinaire lieu d'élection des roches éruptives sorties de la profondeur à tous les âges. Aussi dit-on judicieusement que la Faculté de Clermont est la Faculté des volcans.

Cette étude générale se termine par l'exposé et par la discussion minutieuse de l'ensemble des théories volcaniques, depuis celles du siècle dernier, subitement évanouies par la belle et simple observation de Dolomieu, jusqu'aux doctrines les plus récentes qui se partagent la faveur de beaucoup de géologues, jusqu'aux vues moins accréditées et si ingénieuses pourtant d'Hopkins, de Sterry-Hunt, de Poulett-Scrope et de Darwin qui paraissent réellement le mieux s'adapter aux phénomènes éruptifs du Plateau central.

Les phénomènes glaciaires sont également l'objet d'une enquête approfondie. Bien que les traces grandioses laissées par les anciens glaciers dans nos régions aient été découvertes plus tard qu'en Suisse, l'observation démontre chaque jour de plus en plus clairement que le terrain erratique de la France centrale, malgré qu'il soit moins étudié, est plus instructif que celui des Alpes, si l'on se place au point de vue de sa genèse, de ses phases diverses et de leurs dates respectives, à cause de ses relations multipliées et réellement exceptionnelles avec des zones fossilifères aussi complètes que possible. Il n'est pas jusqu'aux puissantes brèches de nos bassins de l'époque houillère supérieure qui, par leurs caractères exclusivement morainiques, ne s'imposent à l'esprit étonné et au premier abord prévenu comme des témoins d'anciens glaciers des chaînons hercyniens alpestres du Plateau Central, et au fond comme des preuves précieuses de la permanence des lois de la nature et l'éclatante confirmation des harmonies du monde physique dans les âges les plus reculés de la terre.

Le professeur ne se contente pas de l'étude intrinsèque des phénomènes actuels et de leurs rapports étroits avec les phénomènes anciens. Il s'attache aussi avec le plus grand soin à développer l'historique de nos connaissances dans un esprit de justice distributive d'abord et pour honorer la mémoire de ceux qui nous ont précédé dans la carrière, ensuite et surtout pour imprimer plus nettement dans l'esprit des élèves et leur faire mieux discerner la vraie méthode de recherches, par l'analyse impartiale de toutes les tentatives de l'esprit humain, qu'elles relèvent de l'empirisme ou de l'observation rationnelle pour arriver à la conquête de la vérité scientifique.

Ces deux chapitres, sans parler des autres, suffisent pour bien se rendre compte du caractère de ce cours de première année.

Cours de deuxième année. — Le cours de deuxième année comporte l'exposition de la géologie générale en elle même et comme servant de cadre à la géologie particulière du Plateau Central. En se plaçant à ce dernier point de vue, le professeur étudie avec tous les développements nécessaires, la série des oscillations lentes ou des révolutions violentes que le Plateau central a subies à trois reprises dans le passé. Cette région possède en effet un caractère particulier. Ce caractère consiste en ce que le Plateau Central forme une aire intermédiaire, une zone de transition entre les deux grands faciès du Nord et du Midi de la France, savoir : le faciès pélagique ou alpin du Midi, et le faciès de golfe, de lagune ou continental du Nord dû à la prédominance de plus en plus accusée des terres émergées dans la direction des pôles depuis l'époque précambrienne. Le Plateau Central a servi de trait d'union, de véritable charnière à ces deux régions d'un caractère géologique si accusé et si différent, et il a dû se plier à toutes les vicissitudes de leurs destinées, pendant l'infinie durée des temps géologiques. Il est donc indispensable d'exposer avec le même soin la géologie du nord et du midi de la France, voire même de la Suisse et du reste de l'Europe, si l'on veut bien comprendre la structure du Plateau Central, car tous les phénomènes qui se sont développés dans ces régions voisines ont eu leur contre-coup dans son intérieur. Ainsi, toutes les transgressions marines l'ont intéressé, soit qu'elles aient seulement modifié ses frontières, soit qu'elles aient, en l'échancrant, pénétré plus ou moins loin de ses bords actuels. Exemple : les transgressions cambrienne, frasnienne, viséenne, liasique, cénomanienne, sénonienne ou helvétienne.

Les grandes révolutions accomplies autour de lui l'ont également affecté profondément. Ainsi, le mouvement orogénique calédonien a provoqué dans son sein les formidables épanchements de roches granitiques. Le mouvement hercynien en le couvrant d'éruptions porphyriques a déterminé à sa surface le surgissement de chaînes alpestres et par voie de conséquence, la formation de son terrain houiller supérieur. L'élévation des Pyrénées l'a prédisposé à se couvrir de lacs saumâtres oligocènes et la surrection des Alpes dont il a subi le colossal effort latéral, l'a de nouveau plissé, surexhaussé, a réveillé dans ses profondeurs l'activité éruptive qui y sommeillait depuis le lias et édifié ses grands volcans, aujourd'hui éteints et à demi ruinés par l'action érosive de la période glaciaire, le Puy de Dôme et son cortège de puys domitiques, le Mont-Dore, le Cantal, le Mézenc, le Meygal, le Cézallier, l'Aubrac et les Coirons; enfin dans un dernier effort, après le retrait des anciens glaciers, les volcans à cratères du Devès, du Vivarais et du Puy-de-Dôme. Tous ces merveilleux édifices, malgré leur extinction actuelle, offrent au naturaliste enthousiasmé un attrait au moins égal à celui que peuvent présenter les volcans encore actifs ou les solfatares de la Campanie et de la Sicile. Ils ont été et ils resteront à jamais l'éternelle attraction de la France centrale, par l'étonnante beauté de leurs aspects, sévères ou riants, parfois bizarres, comme les célèbres pyramides du Velay, mais toujours enchanteurs; par le puissant intérêt minéralogique et lithologique qu'ils suscitent, mais encore par les merveilles végétales et les grands ossuaires ensevelis dans leurs lapillis, leurs pouzzolanes et leurs cendres! Que de Pompéi enfouies dans la Haute et Basse Auvergne, le Vivarais et le Velay! Ces innombrables débris fossiles permettent de les dater, d'établir avec précision leur genèse, leur développement graduel, leur apparition et leur extinction successives, avec autant de certitude que les phases diverses de nos anciens glaciers, houillers supérieurs, pliocènes et quaternaires, particularité d'un intérêt capital qui ne se retrouve nulle part ailleurs dans le monde. En un mot, si le glaciériste est attiré de préférence vers la région des Alpes, si le vulcaniste tourne avidement ses regards vers le Vésuve ou l'Etna, le Plateau Central est à un degré aussi puissant que ces contrées, appelé par les progrès incessants de la science, à devenir la terre privilégiée du glaciériste et du vulcaniste, du paléontologiste et surtout du géologue que passionnent les grands problèmes de la science et qui scrute de préférence les causes intimes et profondes et l'enchaînement logique des phénomènes naturels.

Manipulations. — Les étudiants sont exercés à l'étude des fossiles de tous les terrains et, avec le concours de M. Glangeaud, maître de conférences de minéralogie et pétrographie, de toutes les roches volcaniques, éruptives ou sédimentaires.

Excursions publiques. — Des excursions sont organisées au printemps et en été. Elles sont éminemment variées. Elles sont du reste de plus en plus facilitées par l'extension des voies ferrées dans nos régions, jusqu'à une époque récente trop déshéritées, et par le zèle et le dévouement patriotique du Syndicat d'Initiative d'Auvergne, né d'hier et qui a su néanmoins attirer dans notre beau pays des milliers de touristes nouveaux.

ZOOLOGIE

Professeur : M. POIRIER.

Le cours de zoologie préparant au certificat d'études supérieures de zoologie est complet en trois années.

1re année : Principes généraux d'anatomie, d'histologie et d'embryogénie ;

Etude des Protozoaires, des Spongiaires, des Cœlentérés et des Vers.

2me année : Etude des Arthropodes, des Mollusques et des Tuniciers.

3me année : Etude des Vertébrés.

Des exercices pratiques ont lieu toutes les semaines.

Un cours complémentaire de zoologie agricole a été créé à la Faculté. Il se fait en deux années :

1° Etude particulière des parasites des animaux domestiques.
2° Etude des parasites des végétaux.

BOTANIQUE

Professeur : M. Girod.

Le Plateau Central, avec ses chaînes volcaniques (monts Dores, Cantal, Velay, monts Dômes), ses ceintures de roches sédimentaires variées et ses dépôts lacustres tertiaires, se dresse comme un massif culminant vers lequel convergent les régions basses du nord, du midi, de l'est et de l'ouest de la France. Ce gigantesque écran a fixé les espèces venant de ces directions variées, aussi toutes les flores régionales sont-elles représentées largement dans la *flore d'Auvergne*. Comme l'altitude du massif augmente, par des gradins successifs, jusqu'aux sommets les plus élevés, atteignant au Pic du Sancy 1,886 mètres; comme les terrains présentent tous les variétés de composition, on s'explique comment plus de *2.000 espèces de végétaux phanérogames* se rencontrent sur ce vaste plateau. Ce sont les plantes des plaines, les espèces montagnardes des Alpes et des Pyrénées, les végétaux qui recherchent le calcaire sur nos collines tertiaires, et ceux qui recherchent la silice sur nos falaises granitiques. Mais il y a plus : une *florule arctique*, avec espèces du Groenland et de la Norvège, a laissé des colonies fertiles sur nos plus hauts sommets — une *florule marine* se développe sur les terrains arrosés par les eaux minérales — une *florule arcerne* compte plusieurs espèces et de nombreuses variétés caractérisant le sous-sol volcanique.

La flore cryptogamique n'est pas moins nombreuse et variée. Nos lacs de montagnes, nos eaux minérales, sont des mines inépuisables d'algues intéressantes. Les Diatomées, les Mousses, les Lichens ont fourni des séries remarquables.

Le laboratoire de botanique possède un *herbier* complet des espèces du pays, avec les types nécessaires aux comparaisons et aux déterminations. Il est accompagné de toutes les publications intéressant la flore d'Auvergne et la flore française.

Un vaste *jardin botanique*, bien ordonné, est rattaché au laboratoire. Une section spéciale est réservée à la flore d'Auvergne. Toutes les espèces rares des monts Dores et du Cantal sont cultivées dans cette section.

L'enseignement de la botanique comprend deux parties essentielles :

1° *La Botanique générale* : Organographie. — Anatomie. — Physiologie.

2° *Les Familles végétales* : Phanérogames et Cryptogames.

Deux années sont consacrées à l'exposé de ces matières.

Pour la première partie, le professeur développe le programme du certificat, préparant les élèves à cet examen supérieur. Pour la seconde, le professeur s'attache plus spécialement aux familles végétales représentées en Auvergne.

Des *manipulations de dissection, d'histologie, de physiologie*, mettent l'élève à même de contrôler par des recherches pratiques les données théoriques du cours et de se préparer aux épreuves prévues dans les programmes.

Ces manipulations ont lieu deux fois par semaine. Chaque élève reçoit un microscope, les réactifs et le matériel nécessaire pour les préparations microscopiques et le dessin. Des conférences sont faites par le professeur sur les manipulations qui sont dirigées par le préparateur.

Des *excursions botaniques* faites chaque semaine, pendant la belle saison, préparent et complètent les leçons théoriques.

Le cours de *Botanique générale* est destiné à la préparation du *certificat d'études supérieures*. Un cours spécial, plus simple, avec manipulations, est consacré au *certificat des sciences physiques, chimiques et naturelles*. Des cours de *Botanique appliquée : Botanique agricole, Botanique médicale*, permettent aux étudiants se destinant aux écoles agronomiques, à la médecine et à la pharmacie, de compléter leur enseignement.

Les locaux affectés à l'enseignement de la botanique sont vastes et bien éclairés. Un grand amphithéâtre est réservé aux cours et conférences.

Les laboratoires peuvent contenir une centaine d'élèves. L'outillage et les appareils d'optique sont de premier ordre.

Un *laboratoire de recherches* est réservé aux étudiants et aux spécialistes voulant poursuivre des recherches personnelles en vue du *doctorat d'État* ou du *doctorat d'Université*. Les collections et le budget du laboratoire permettent de mettre à la disposition des travailleurs des microscopes de choix et tout le matériel nécessaire pour leurs recherches.

Une station de montagne, établie à Besse, dans la région des lacs, est ouverte pendant la belle saison pour l'étude de la flore phanérogamique et cryptogamique des eaux douces.

C. — SCIENCES MATHÉMATIQUES

I. — Cours préparatoire à l'agrégation des sciences mathématiques

Les professeurs : MM. Guichard, Pellet, Drach, font des conférences le jeudi sur le programme de l'agrégation.

II. — Préparation aux certificats d'études supérieurs

ANALYSE

Professeur : M. Pellet.

Quantités. — Principe du calcul infinitésimal.
Séries. — Règles de convergence. — Séries holomorphes. — Fonctions holomorphes. — Dérivées et intégrales définies.
Fonction exponentielle. — Fonctions trigonométriques.
Théorie des fonctions implicites.
Formules de Taylor et de Laurent.
Applications géométriques. — Courbes. — Surfaces. — Congruences.
Applications analytiques. — Équations différentielles.

Calcul intégral. — Intégrales indéfinies.
Méthodes d'intégration des équations différentielles du premier et du second ordre.
Équations différentielles linéaires d'ordre quelconque. — Intégrales multiples — Périodes dans les intégrales des fonctions d'une variable imaginaire.
Équations aux dérivées partielles du premier ordre.
Notions sur les équations aux dérivées partielles du second ordre et d'ordre supérieur.

MÉCANIQUE RATIONNELLE

Professeur : M. Guichard.

Théorie des vecteurs — Notions sur les complexes, les congruences, les surfaces réglées.

Cinématique

Cinématique du point. — Vitesse. — Accélération.

Cinématique du corps solide. — Mouvements de translation, de rotation ; mouvement hélicoïdal. — Mouvement d'un plan sur un plan. — Mouvement d'un corps solide autour d'un point fixe. — Mouvement le plus général d'un corps solide.

Mouvements relatifs. — Composition des mouvements. — Composition des vitesses et des accélérations. — Composition des rotations et des translations. — Introduction des notions fondamentales de la mécanique. — Force. — Masse. — Changements d'unité. — Formule fondamentale de la dynamique.

Géométrie des masses

Centres de gravité.
Moments d'inertie.

Statique

Point matériel libre ou gêné.
Corps solide. — Réduction des forces. — Equilibre d'un corps solide libre ou gêné. — Application au corps pesant.
Systèmes articulés. — Fils.

Dynamique du point matériel

Point libre.
Mouvement rectiligne.
Mouvement curviligne.
Forces centrales.
Point assujéti à rester sur une courbe. — Application aux pendules. — Courbes tautochrones.
Point assujéti à rester sur une surface. — Pendule sphérique.
Principe de la moindre action — Courbes brachirtochrones.
Equations de Lagrange, d'Hamilton et de Jacobi.

Dynamique des systèmes

Théorèmes généraux.
Mouvement d'un corps solide autour d'un axe.
Pendule composé.
Mouvement d'un corps solide autour d'un point fixe.
Mouvement le plus général d'un corps solide.
Principe des vitesses virtuelles. — Équations générales de la statique.
Principe de d'Alembert. — Équations générales de la dynamique.
Équations de Lagrange, équations d'Hamilton, équations de Jacobi.
Principe de la moindre action.

Mouvements relatifs

Application du théorème de Coriolis. — Mouvement relatif d'un point. — Mouvement relatif des systèmes.
Mouvement relatif par les équations générales de la dynamique.
Mouvements relatifs à la surface de la terre.

Percussions

Percussions sur un point matériel libre ou gêné. — Percussions appliquées aux systèmes. Théorème de Carnot.

Frottement

Notions sur le frottement. — Application à divers problèmes de statique et de dynamique.

ASTRONOMIE

Maître de conférences : M. DRACH.

Coordonnées sphériques. — Changement de coordonnées. — Trigonométrie sphérique. — Formules différentielles.
Erreurs accidentelles. — Méthode des moindres carrés.
Lunette astronomique. — Sextant. — Théodolithe.
Réfraction astronomique. — Lois du mouvement diurne ; lunette méridienne, cercle méridien.

Figure et dimensions de la Terre. — Cartes.

Parallaxe en distance zénithale, en ascension droite et en distance polaire.

Applications des lois du mouvement diurne.

Mouvement annuel apparent du soleil. — Mouvement du soleil dans l'écliptique. — Lois de Képler.

Problème de Képler. — Equation du centre, réduction à l'équateur. — Ascension droite du soleil ; équation du temps.

Temps solaire vrai, temps solaire moyen.

Précession et nutation en longitude et en latitude.

Changements des coordonnées des étoiles. — Année sidérale.

Mouvement propre de la Lune. — Mouvement elliptique de la Lune. Principales inégalités. — Phases.

Parallaxe de la Lune. — Eclipses de Lune.

Eclipses de Soleil. — Occultation d'une étoile par la Lune.

Mouvement des planètes. Système de Copernic.

Gravitation universelle.

Détermination des éléments elliptiques. — Passage aux coordonnées héliocentriques.

Parallaxe de Mars. — Parallaxe du Soleil déduite des passages de Vénus.

Parallaxe annuelle d'une étoile. — Aberration des fixes.

Satellites et Jupiter. — Vitesse de la lumière.

Attraction newtonienne. — Equations de Laplace et de Poisson.

Attraction d'une couche sphérique homogène. Attraction sur un point très éloigné.

Attraction d'un ellipsoïde formé de couches homogènes.

Equilibre relatif d'une masse fluide homogène animée d'un mouvement uniforme de rotation autour d'un axe fixe. Ellipsoïdes de Jacobi.

Equations différentielles du mouvement relatif des planètes par rapport au Soleil. — Fonction perturbatrice.

Mouvement elliptique. — Mouvement troublé.

La Station limnologique de Besse-en-Chandesse

Dans la préface de son magistral ouvrage sur les *Lacs français*, M. Delebecque insiste sur l'indifférence qu'on a longtemps montrée en France à l'égard de l'étude des Lacs. « Chose étrange ! de grandes expéditions s'organisaient pour explorer les mers les plus éloignées et nous ignorions la profondeur du lac de Genève et du lac du Bourget... Sans doute, beaucoup de lacs étaient le bien de la France ; mais ce bien était singulièrement délaissé : on le considérait comme une propriété sans valeur dont personne ne s'occupait ; en un mot, au point de vue scientifique, les lacs étaient comme s'ils n'existaient pas. »

Les travaux de M. Delebecque ont comblé une partie de cette large lacune, joints à ceux de MM. Thoulet, Belloc, Magnin, etc.; ils ont établi les bases précises et solides sur lesquelles s'appuiera désormais toute étude générale sur les lacs français. — L'organisme du lac est ainsi connu dans sa structure, dans son anatomie ; il reste à en éclaircir la physiologie. Certes, pour emprunter encore les termes de M. Delebecque, la flore et la faune lacustres « ont été et sont encore l'objet d'études très importantes de la part de naturalistes distingués tels que MM. de Guerne, Chevreux, Richard, R. Blanchard, Magnin, Berthoule, Belloc, etc. ». Il ne semble cependant pas que le sujet soit épuisé. Les recherches biologiques exigent un laps de temps considérable et doivent être poursuivies sans interruption. Une exploration passagère permet seulement de noter la composition actuelle de la population vivante : il faut un laboratoire installé à proximité des matériaux de travail, pour rendre abordable la question de la biologie du Lac.

Le professeur Ward a dressé récemment la statistique des Stations biologiques d'eau douce. La Suisse, la Bohême, la Finlande, la Russie, la Hongrie, l'Allemagne et surtout les États-Unis, possèdent des laboratoires spécialement outillés. Les résultats acquis remplissent des volumes ou des périodiques très importants parmi lesquels se placent en première ligne les *Monographies* de Forel, les *Forschung berichte aus der biologischen Station Zù-Ploen*, publiés par le D' Zacharias depuis 1893; les travaux des *Fish Commissions* aux États-Unis, etc., etc. — Au point de vue de la biologie, nous ne pouvons mettre en regard que des recherches isolées, si remarquables soient-elles.

En créant la Station limnologique de Besse, l'Université de Clermont n'a fait que suivre une voie ailleurs féconde, tout en obéissant pour ainsi dire à des traditions établies (1).

Il n'y a guère de région plus propice aux études limnologiques que l'Auvergne. Sur les pentes orientales et méridionales du massif du Mont-Dore, on ne rencontre pas moins d'une vingtaine de nappes d'eau, groupées « en éventail d'un rayon assez court » autour de la petite ville de Besse.

La superficie de ces lacs n'est guère, il est vrai, que de 40 à 50 hectares en moyenne, mais leur profondeur est parfois excessive. Les phénomènes volcaniques président invariablement à leur naissance. Des coulées de roches laviques, ou d'abondantes projections barrent une vallée et déterminent l'apparition d'un vaste bassin comme à Aydat, Chambon, Guéry. Ailleurs, la configuration de la cuvette lacustre fait songer à un cratère d'explosion : les gouffres de Pavin, Chauvet, Tazanat sont classiques. — Il est ainsi possible de remonter à l'origine de ces lacs et de préciser géologiquement la date de leur formation ; ces données sont loin d'être inutiles dans leur histoire biologique.

Etant d'origine et de configuration variées, d'altitudes diverses, ces lacs présentent en conséquence des caractères physiques, chimiques et biologiques très différents. Les profondeurs s'étagent de quelques mètres (Chambon) à près d'une centaine (Pavin). Or, le régime de la température interne est en connexion intime avec la profondeur ; la composition chimique des eaux se montre en rapport avec celle des terrains environnants (2); la distribution des végétaux macrophytes est réglée par la structure de la rive et par la profondeur. Toutes ces conditions créent, pour le développement des êtres qui constituent le plankton caractéristique, un milieu bien déterminé et spécial à chaque lac. — Où pourrait-on trouver une

(1) C'est à Lecoq, professeur à la Faculté de Clermont, et à Ricot, démonstrateur du cours, que l'on doit les premières tentatives d'empoissonnement de nos lacs.

(2) Le lac Pavin et le lac de la Girotte (Savoie) sont les deux lacs français dont les eaux renferment le plus de silice (0,221 et 0,320). Dans les autres lacs on n'en rencontre que quelques milligrammes par litre. (Delebecque.)

gamme aussi complète, des éléments de comparaison aussi nets et des matériaux d'étude aussi facilement accessibles ? (1)

Le laboratoire de la Station limnologique (2) occupe l'ancien préau de l'école des garçons de Besse et comprend une très vaste salle, parfaitement éclairée. En dehors de l'outillage ordinaire des laboratoires, il possède un matériel de pêche à plankton, de sondage et de dragage. La maison de pêche du lac Chauvet, ingénieusement aménagé et fort bien pourvue, est à l'entière disposition des travailleurs, grâce à l'amabilité de M. Berthoule, maire de Besse, qui non content de contribuer par lui-même au progrès des études limnologiques n'a jamais cessé de prêter le plus obligeant appui à l'œuvre de l'Université.

L'organisation du laboratoire permet donc de poursuivre les habituelles recherches qualitatives et quantitatives concernant le plankton (3). Mais la Station de Besse n'en constitue pas moins un centre tout indiqué pour les diverses études relatives au massif montagneux du Mont-Dore, qu'elles aient trait à la zoologie, à la botanique ou à la géologie. Les efforts du personnel tendent à y réunir les productions typiques d'un région très spéciale, à créer des collections bien ordonnées où les travailleurs étrangers puissent trouver, avec un inventaire complet, des éléments de travail tout préparés.

D'autre part, les applications pratiques de l'étude scientifique des eaux s'imposent à l'heure même où, de toutes parts, s'élèvent des plaintes touchant le dépeuplement des rivières ou des fleuves,

---

(1) La « région lacustre », pour emprunter la juste expression des géographes locaux, a son point central à Besse. Les principaux lacs sont les suivants :

	Altitude	Profondeur		Altitude	Profondeur
Anglard........	1170m	10m	Godivelle inférieur.	1206m	3m
Aydat..........	825	14 50	Godivelle supérieur	1225	45 70
Chambedaze.....	1147	5	Guéry..........	1260	13
Chambon........	882	5 50	Landie..........	1206	17
Chauvet.........	1166	63 20	Montcineyre......	1174	18
La Crégut......	»	26 50	Pavin..........	1197	92 10

(2) Le personnel comprend le Directeur, le Sous-Directeur et un préparateur résidant à Besse.

(3) C. Bruyant. Sur les variations du plankton au lac Chauvet. C. R. Académie des Sciences, 2 janvier 1900.

et dans une région où l'aquiculture a toujours eu son importance en même temps que sa raison d'être. — Sans même parler de la mise en valeur de ces gigantesques viviers naturels, qui, pour la plupart, peuvent être comparés à des terres incultes, et à ne considérer que l'exploitation générale des cours d'eau, la Station de Besse apparaît comme un centre piscicole de première importance. La région de Besse, dépendance immédiate du massif culminant de la France centrale, est un véritable nœud hydrographique. Des vastes plateaux environnants s'irradient les eaux pures des Couzes qui vont livrer aux fleuves voisins le surcroît de leur faune. C'est dans le cours supérieur des principales rivières de l'Auvergne, dans la Dore, dans l'Allier, dans la Dordogne, que les grands salmonides établissent leurs frayères. Il serait difficile d'imaginer un centre mieux choisi et plus riche, d'où il soit aussi pratique de repeupler les eaux sur une immense étendue. Tout fait prévoir que la Station, complètement outillée, joignant à la pure recherche scientifique l'expérimentation et l'application rationnelles, ne tardera pas à obtenir des résultats pratiques que ne saurait désavouer l'Université régionale.

OBSERVATOIRE DU PUY DE DOME

L'observatoire météorologique du Puy de Dôme, créé par M. Alluard, se compose de deux stations, l'une au sommet de la montagne (altitude 1,467 mètres, l'autre à Rabanesse (altitude 388 mètres) reliées entre elles par une ligne télégraphique et téléphonique. Le personnel comprend, outre le directeur honoraire, M. Alluard, un directeur M. Hurion, un météorologiste adjoint M. J.-R. Plumandon et trois aides météorologistes, MM. Ch. Plumandon, Soulier et Wolsch. Ces deux derniers séjournent, alternativement, pendant un mois, au sommet du Puy de Dôme.

On observe régulièrement, toutes les trois heures, depuis six heures du matin jusqu'à neuf heures du soir, le thermomètre, le baromètre, la force et la direction du vent, la marche des nuages, l'état hygrométrique, l'état du ciel. On relève aussi les indications de thermomètres, placés au niveau du sol, ainsi que la hauteur des chutes de pluie. Une observation particulière faite à sept heures du matin est immédiatement transmise au Bureau central météorologique et sert à la construction des cartes du *Bulletin météorologique international*.

Les données des observations trihoraires sont complétées par le dépouillement des courbes des instruments enregistreurs (baromètres Ridier, thermomètres et hygromètres Richard, anémomètres Hervé Maugon), de sorte qu'il est possible de suivre, heure par heure, la marche des principaux éléments météorologiques.

On affiche chaque jour, près de la Préfecture : 1° la prévision du temps pour le lendemain ; 2° des diagrammes représentant les variations des principaux éléments météorologiques aux deux stations ; 3° le Bulletin international de la veille.

En outre de ces travaux courants, on s'occupe de prendre des photographies de nuages et d'études de polarisateurs atmosphériques. Le directeur a entrepris également la détermination des éléments du magnétisme terrestre dans plusieurs points de la chaîne des monts Dômes et des monts Dores. Prochainement on pense faire au sommet de la montagne des observations de température à l'aide de cerfs-volants portant des instruments enregistreurs.

Les résultats des principales observations sont publiés chaque année dans les Annales du Bureau central météorologique.

PRÉPARATION AU CERTIFICAT D'ÉTUDES PHYSIQUES, CHIMIQUES ET NATURELLES. (P. C. N.)

PHYSIQUE

Professeur : M. LUGOL.

Ce cours suit exactement le programme du certificat d'études P. C. N. ; il ne peut être que très élémentaire, très peu détaillé, à cause de l'étendue du programme et de l'insuffisance, au point de vue de l'instruction mathématique, de l'auditoire auquel il s'adresse.

Il est considéré, non comme une préparation à la Physique biologique ou à toute autre branche spéciale, mais comme destiné à donner aux étudiants une vue d'ensemble de la Physique générale.

Il comporte : la description des phénomènes, l'exposé de leurs lois et, toutes les fois qu'il est possible, celui des méthodes propres à les découvrir ou à les contrôler; l'indication des liens qui unissent entre eux les différents domaines de la Physique. Il est dirigé de manière à développer chez les étudiants l'habitude de la rigueur dans les déductions et de la précision dans l'exposition des faits.

Des interrogations et des travaux pratiques complètent l'enseignement.

CHIMIE

Professeur : M. DUBOIS.

Le programme de chimie du certificat P. C. N. est suivi dans tous ses détails. On s'attache à lui donner un caractère pratique adapté aux exigences des études médicales et de la future profession des élèves.

Travaux pratiques de Chimie.

Les travaux pratiques de Chimie, exécutés par les élèves du Certificat P. C. N., comprennent des recherches analytiques et des préparations.

Ainsi qu'il est prescrit par le programme, il est fait une large part aux travaux d'analyse.

L'enseignement donné par les Facultés aux futurs médecins devant être, avant tout, « un enseignement général », les travaux du laboratoire conservent ce caractère. Toutefois, les recherches ou les opérations faisant partie du cours et qui reçoivent en thérapeutique ou en toxicologie une application immédiate sont l'objet d'une attention toute spéciale.

Les exercices de Chimie analytique sont l'application de la leçon d'analyse qui est faite chaque semaine aux élèves. Une même leçon donne lieu à des exercices variés dont la difficulté est ménagée d'une façon progressive.

Les élèves étant groupés par trois, il est fourni à chaque groupe un petit matériel de laboratoire et une collection des réactifs dont a besoin un opérateur. Ils travaillent cependant individuellement et sont constamment surveillés et guidés. Des difficultés d'ordre pratique, qu'on ne saurait prévoir ou qu'on ne saurait indiquer dans une leçon théorique, se présentent continuellement à eux. Il leur est appris, par l'exemple, comment ils peuvent les tourner.

Tous les élèves consignent, sur une feuille, les traitements qu'ils effectuent et les résultats qu'ils obtiennent. En dehors du laboratoire ils rédigent un compte-rendu de la manipulation et le présentent à la séance suivante. Ce compte-rendu, après avoir été examiné, leur est remis annoté et corrigé. De cette façon, il est possible de s'assurer si chacun a bien compris la marche à suivre dans son travail, s'il a opéré d'une façon convenable et s'il a obtenu de bons résultats.

Une séance par quinzaine est consacrée à la préparation des principaux corps étudiés dans le cours. Au commencement de chacune de ces séances, la description détaillée des appareils à monter est faite au tableau noir. La construction que doivent faire les élèves de certaines parties des appareils est d'abord effectuée sous leurs yeux. Il est indiqué, en outre, avec soin, les précautions à prendre pour qu'une préparation soit bien faite, pour que tout danger soit évité dans le maniement de produits souvent dangereux.

ZOOLOGIE

Professeur: M. POIRIER.

Indépendamment des cours et des travaux pratiques inscrits au programme, des interrogations permettant de se rendre compte du travail des élèves ont lieu régulièrement pendant toute l'année.

Les notes d'assiduité et de travail sont adressées aux parents.

BOTANIQUE

Professeur : M. GIROD.

L'organisation de l'enseignement de la Botanique à l'Université de Clermont répond aux desiderata, non seulement du Certificat supérieur, mais du Certificat du P. C. N. Le même professeur, étant chargé du cours à la Faculté des Sciences et à l'École de Médecine, peut graduer son enseignement de façon à fournir, aux élèves, les meilleures conditions en vue de leurs examens présents et futurs. D'autre part, il est possible, pour les étudiants qui désirent embrasser les programmes dans le plus bref espace de temps, de suivre, en même temps, les cours des deux établissements qui sont combinés de façon à se compléter réciproquement. Pendant l'hiver, l'étudiant peut suivre chaque semaine : deux cours du certificat supérieur, un cours P. C. N., deux manipulations de laboratoire. — Pendant l'été : deux cours du certificat supérieur, un cours P. C. N., trois cours de l'Ecole de Médecine, une manipulation, une herborisation. Avec une série de cours aussi nombreux, le professeur peut, chaque année, exposer la presque totalité du programme de Botanique. Des conférences faites par les élèves, sous la direction du professeur, complètent l'enseignement.

Tout ce qui concerne l'enseignement du P. C. N. a été l'objet de la préoccupation du professeur. Les laboratoires sont vastes, les instruments bien choisis, les matériaux d'études nombreux et variés. Le préparateur fait des conférences spéciales pour les travaux pratiques. Les élèves du P. C. N. sont entraînés par des interrogations fréquentes et le professeur traite chaque année, intégralement, tout le programme de l'examen. Le cours est autographié et distribué aux élèves.

FACULTÉ DES LETTRES

PHILOSOPHIE

Professeur : M. JOYAU.

I. *Cours public* (semestre d'hiver). — De la nature de la personne humaine, 1ʳᵉ partie. Examen historique des opinions des philosophes anciens et modernes (Hindous, Chinois, Égyptiens, Juifs; Grecs avant Socrate; Socrate, Platon, Aristote, Stoïciens, Épicuriens, Alexandrins; saint Thomas d'Aquin, Descartes, Malebranche, Spinoza, Leibnitz, Kant, philosophes allemands du XIXᵉ siècle, Maine de Biran.

Dans les années précédentes, le professeur avait étudié les principes des Sciences sociales.

Première partie. — Objet de la Sociologie; les questions sociales. — Les éléments de la vie sociale: I. La nature de l'homme. — II. La famille. — III. La religion. — IV. La nation. — V. L'humanité. — Solidarité et progrès de l'humanité. — La propriété. — Le travail. — Le capital. — Les salaires. — Richesse et pauvreté.

Deuxième partie. — Examen des différents systèmes proposés pour résoudre les questions sociales. — Libéralisme individualiste. — École de Le Play — Socialisme: dogmes fondamentaux. — Socialisme chrétien. — Socialisme d'État ou de la chaire. — Socialisme démocrate. — Collectivisme. — Socialisme agraire. — Anarchisme et nihilisme. — Conclusion : liberté personnelle et sentiment du devoir social.

Antérieurement l'objet du cours avait été: du langage. — Définition des signes et du langage. — Des gestes, de la mimique, de la physionomie. — Des sourds-muets. — La parole. — L'écriture. — Principaux systèmes de signaux et d'emblèmes. — Rôle joué par le langage dans le développement de l'intelligence, dans les rapports des hommes entre eux, dans l'évolution morale de l'individu et de l'humanité. — Le langage moyen d'expression artistique : l'éloquence et la poésie. — Inconvénients qui résultent de l'emploi du langage. De l'idée d'une langue parfaite et universelle. — Classification des langues. — Origine du langage.

II. *Conférences réservées aux étudiants.* — Conférence dogmatique : analyse des idées morales et des sentiments moraux ; examen des différents systèmes de morale.

Conférence historique. Histoire de la philosophie au xix° siècle : Allemagne (Fichte, Schelling, Hegel, Schopenhauer) ; Angleterre (Hamilton, Stuart Mill, H. Spencer) ; France (Maine de Biran, Royer Collard, Cousin, Jouffroy, Auguste Comte).

Pendant le semestre d'été. Explication des auteurs portés au programme de licence et d'agrégation : Cicéron, de *Natura Deorum* liv. II. — Alexandre d'Aphrodisias, περὶ εἱμαρμένης.

LITTÉRATURE FRANÇAISE

Professeur : M. Des Essarts (Emmanuel).

Cours public. — Cette année, par exception, le professeur ne fait pas de cours public. Pendant les dernières années il a entrepris l'histoire de la littérature au xix° siècle en insistant sur l'école romantique. Il a commencé par étudier à fond l'œuvre de Chateaubriand ; puis il a traité successivement des poètes de génie ou de talent qui ont illustré ce siècle, passant en revue Millevoye, Népomucène Lemercier, Lebrun, Soumet, Guiraud, Béranger, Casimir Delavigne, Henri de Latouche, Jules le Fèvre Daumier, Guttinguer, Sainte-Beuve, Emile et Antony Deschamps, Alfred de Musset, Brizeux, Auguste Barbier, Barthélemy et Méry, Hégésippe Moreau, Théophile Gautier. Il s'est arrêté pour les poètes en 1840.

L'an dernier il a abordé les prosateurs du xix° siècle : Mme de Staël, ses origines, *La littérature, Delphine, Corinne, L'Allemagne*. Charles Nodier, Villemain, Guizot, Victor Cousin, Joseph de Maistre, Xavier de Maistre, Joubert, L'école du Globe, Jouffroy, Dubois.

Conférences. — Pendant l'année scolaire actuelle le professeur fait quatre conférences, en vue de la préparation aux examens des agrégations, des licences et des certificats :

1° Conférence d'histoire littéraire. Il a repris la littérature française à ses origines et est arrivé aux chansons de gestes ;

2° Exercices pratiques de licence, étude des auteurs inscrits au programme, *Génie du Christianisme, Polyeucte, Pompée* ;

3° Conférence réservée alternativement aux candidats au professorat des écoles normales et aux aspirants à l'agrégation de grammaire ;

4° Leçon spéciale pour les candidats aux licences et aux certificats d'anglais et d'allemand.

LITTÉRATURE ÉTRANGÈRE

Professeur : M. Ehrhard.

I. — Cours d'histoire de la Littérature allemande.

Semestre d'hiver 1899-1900.

La période du Vieux-haut-Allemand.

1re Période. — Depuis les origines jusque vers 750.

Les premières manifestations de la vie poétique chez les Germains. Chants religieux. Chants guerriers. Formes de l'hymne païen. Noël gothique. Chants nuptiaux ; chants funèbres. Poésie gnomique ; énigmes. Épopée mystique, historique et héroïque.

Les Runes. Théories diverses sur leur origine. Leur origine véritable. Leur emploi. Principales inscriptions runiques.

Langue et monuments gothiques. La Bible de Wulfila. La Skeireins. Textes divers.

2° Période. — de 750 à 900.

Constitution du Vieux-haut-Allemand. Ses caractères ; son vocabulaire. Influence du latin. Grammaire et métrique.

Restes de la poésie païenne et profane. Les formules magiques. Le Hildebrandslied. Les vers de la rhétorique de Saint-Gall.

Le christianisme en Allemagne. L'activité littéraire dans les couvents.

Monuments en prose de provenance ecclésiastique. Formules de baptême et de confession. Prières; paraphrases du *Pater Noster*. Sermons, exhortations, prescriptions religieuses. Harmonie des Évangiles de Tatien. Traduction d'Isidore de Séville, de la règle de Saint-Benoît, des hymnes de Murbach.

Monuments poétiques de caractère religieux. La prière de Wessobrunn et le Muspilli.

Poèmes religieux en dialecte saxon : le Heliand et la Genèse.

Otfried; le livre des Évangiles. Métrique nouvelle. La rime.

Monuments profanes. 1°) Prose : les serments de Strasbourg. Traduction d'un passage de la loi salique. — 2°) Poésie : le Ludwigslied. Continuation de l'épopée héroïque et du chant historique.

3ᵉ Période. — de 900 a 1100.

Les genres profanes. Les chanteurs ambulants. Contes et farces. Continuation de la tradition épique. Légendes et chants relatifs à Charlemagne. Actualité racontée sous forme poétique.

Régime nouveau et formes nouvelles de l'activité littéraire dans les couvents. Littérature latine : proverbes, contes et fabliaux; les *modi*.

L'épopée latine. Le Waltharius d'Ekkehard. Le Nibelungenlied en latin. Le roman de Ruodlieb.

Le théâtre de Hroswitha; ses poèmes et légendes.

Œuvres allemandes en prose issues des couvents : traduction de Boèce, de Martianus Capella, des Psaumes par Notker Labeo, Paraphrase du Cantique des Cantiques par Williram. Les sermons de Wessobrunn. Le Physiologus.

Poésie religieuse en allemand : Ezzolied; Merigarto; Memento mori; Summa theologiæ.

Semestre d'été 1900.

Schiller. Vues générales sur son développement intellectuel et moral.

— 45 —

II. — Préparation aux examens de la licence, du certificat d'aptitude et de l'agrégation.

(Cinq conférences par mois.)

III. — Explication d'auteurs.

Etude des IX⁕ et X⁕ livres de *Wahrheit und Dichtung* de Gœthe au point de vue historique, littéraire et grammatical.

CONFÉRENCES D'ANGLAIS

M. Feuillerat, professeur au Lycée, chargé de conférences.

I. — Explication d'auteurs inscrits au programme de l'agrégation, de la licence et du certificat d'aptitude : Ch. Lamb, Essays. Premières poésies de Cowper.

II. — Correction de devoirs.

Sujets donnés en décembre et janvier. Dissertations françaises : Le Conte d'hiver de Shakespeare ; le Task, de Cowper. Dissertations anglaises : *Milton's Comus ; Cowper's Task*.

III. — Leçons faites par les candidats : Les caractères de Léontes et d'Othello ; Les Essayistes anglais ; commenter au point de vue de la versification les 60 premiers vers du Brook de Tennyson.

HISTOIRE ET GÉOGRAPHIE DES TEMPS MODERNES

Professeur : M. G. Desdevises du Dézert.

Cours public. — Le professeur a étudié pendant trois ans l'histoire intérieure de l'Espagne au XVIII⁕ siècle : État social, institutions, civilisation.

Pendant trois autres années, il a fait l'histoire de nos grandes assemblées révolutionnaires : Constituante, Législative, Convention ; il s'est servi, autant qu'il a pu, des documents locaux pour marquer le contre-coup des événements dans la province.

Conférences. — Une conférence par semaine est consacrée à la géographie générale — et deux conférences à l'étude détaillée de questions diverses, choisies dans l'histoire diplomatique ou militaire, dans l'histoire des idées, l'histoire littéraire, l'histoire de l'art.

Tous les quinze jours le professeur fait aux instituteurs qui se préparent au certificat d'aptitude pour le professorat des Ecoles normales un cours sur des questions choisies d'histoire contemporaine (1830-1870).

HISTOIRE DE L'ANTIQUITÉ ET DU MOYEN-AGE

Professeur : M. Hauser (en congé).

Etude de questions d'histoire du Moyen-Age, et particulièrement de l'organisation des métiers.

Géographie politique et économique de la France et de ses colonies (1ᵉʳ semestre) ; de l'Empire allemand et de son expansion coloniale (2ᵉ semestre).

M. Bréhier, chargé du cours.

L'Histoire des Croisades et des Etats chrétiens d'Orient du XIIᵉ au XVᵉ siècle.

Division du sujet. — Bibliographie. — Les causes des Croisades. La fondation des Etats chrétiens d'Orient (1095-1123).

Les Etats chrétiens d'Orient au xiiᵉ siècle.

La destruction des Etats chrétiens d'Orient au xiiᵉ siècle et les tentatives de Croisades (1147-97).

La quatrième Croisade et la fondation de l'Empire latin.

L'Histoire de l'Empire latin (1204-61).

Les tentatives de Croisades au xiiiᵉ siècle. André de Hongrie. — Frédéric II. — Saint Louis.

Les colonies chrétiennes à la fin du xiiiᵉ siècle et la perte de la Palestine.

Les Etats chrétiens d'Orient au xivᵉ siècle. — Chypre. — Arménie. — Rhodes.

L'idée de la Croisade au xivᵉ siècle.

Les tentatives de Croisades (xivᵉ-xvᵉ siècles) et l'invasion des Turcs en Europe.

Conclusion. — Les résultats des Croisades.

Conférences. — Une par semaine est consacrée à l'étude de l'Antiquité, une autre à celle du Moyen-Age.

Tous les quinze jours (alternant avec le professeur d'histoire moderne) conférence préparatoire au professorat des Ecoles normales : La Société française au xii° et au xiii° siècle. — Les transformations du pouvoir royal. — L'Eglise. — La noblesse. — La bourgeoisie. — Les paysans. — La culture intellectuelle. — L'art.

LITTÉRATURE GRECQUE

Professeur : M. BARON (en congé).

Cours public (1897-98). — Le professeur a traité : « Du Monde homérique », en s'attachant surtout à montrer en quoi les découvertes de Schliemann, les études de Dorpfeld, de Helbig, de Perrot, de Erwin Rohde ont modifié l'opinion des savants sur les mœurs dont l'épopée homérique est le tableau.

En 1898-99, il a pris pour sujet : « La philosophie des poètes », se proposant de rechercher quelles notions les philosophes proprement dits ont trouvées déjà régnantes antérieurement à leurs propres découvertes en morale, en théologie et en cosmogonie.

M. COLLIN, chargé du cours.

INSTITUTIONS GRECQUES

Etude historique de l'évolution de la constitution d'Athènes (monarchie, — lutte de l'aristocratie contre la monarchie, — triomphe de l'aristocratie, — premières réformes exigées par le peuple, — tyrannie, — progrès continus de la démocratie, — réactions amenées par ses amis, — interventions étrangères), depuis l'origine jusqu'à la conquête romaine. Le cours de cette année est comme la préface d'un exposé théorique des institutions politiques d'Athènes; il est destiné à montrer l'origine des principaux rouages du gouvernement athénien, et à en faire saisir, dans un tableau d'ensemble, les transformations successives.

On prend naturellement pour base la première partie de l'Ἀθηναίων πολιτεία pour toute la période qui s'étend de l'attentat de Cylon au iv° siècle. On complète Aristote, on essaie même parfois de le corriger en s'aidant principalement des lexiques anciens et des auteurs ; mais on a recours aussi aux diverses sciences auxiliaires de l'histoire, archéologie figurée, céramique, numismatique, épigraphie : cette dernière, en particulier, est souvent mise à contribution.

On insistera spécialement sur les époques qui marquent un tournant dans l'histoire d'Athènes (p. ex. : les réformes de Solon), ou auxquelles se rapportent des découvertes relativement récentes (p. ex. : la tyrannie des Pisistratides, où un développement artistique déjà très remarquable nous a été en grande partie révélé par les fouilles de l'éphorie grecque sur l'Acropole), ou encore sur celles qu'il est indispensable de connaitre pour lire certaines catégories d'œuvres littéraires (p. ex. : la fin du v⁰ siècle, parce qu'elle a été fort troublée, et que les orateurs attiques y font des allusions fréquentes).

LITTÉRATURE LATINE

Maitre de conférences : M. AUDOLLENT.

Cours public. — LA LITTÉRATURE LATINE EN AFRIQUE. APULÉE.

La pénétration de la langue et des idées romaines dans les provinces de l'Empire.

Qu'est-ce qu'un auteur africain ? — Les grandes époques littéraires de l'Afrique romaine.

L'esprit public.

La société lettrée.

Les langues parlées dans l'Afrique romaine.

Caractères du latin africain.

Les origines de la littérature latine en Afrique.

Apulée, sa vie, sa personne.

Les *Métamorphoses*.

Le mythe de Psyché et de Cupidon.

Les caractères du roman d'Apulée.

L'*Apologie* ou *De magia*.

Les *Florides*.

Les écrits philosophiques.

Conférences. — Explication du VIII° chant de l'Enéide. Explication des inscriptions latines d'Aquitaine *(corpus inscriptionum latinarum XIII)*. Correction de thèmes et de dissertations.

I. — Au mois de mai 1897, le professeur a dirigé une excursion archéologique à Gergovie pour étudier sur place la topographie du siège raconté par César, dont on expliquait le texte en conférence.

II. — Les assistants aux conférences d'épigraphie ont été à diverses reprises mis en présence d'inscriptions conservées chez des habitants de Clermont, afin d'apprendre à estamper et à lire les textes sur la pierre.

COURS D'HISTOIRE D'AUVERGNE

Professeur : M. G. ROUCHON, archiviste départemental.

Histoire générale de la province d'Auvergne.

INTRODUCTION. — Les histoires générales de la province : A. Michel, P. Audigier. — Les sources manuscrites : vie des saints, chroniques, livres de raison, archives.

L'AUVERGNE AVANT L'HISTOIRE. — Géographie physique. — Epoque paléolithique. — Période magdalénienne. — Le bronze. — Menhirs et dolmens.

PÉRIODE CELTIQUE. — L'Arvernie au temps de César : mœurs, religion, régime politique. — Vercingétorix et César.

PÉRIODE GALLO-ROMAINE. — Augusto Nemetum ; le temple du Mercure Dumias ; les stations thermales ; les voies romaines ; ateliers céramiques de Lezoux et des Martres-de-Veyre. — Le christianisme : saint Austremoine.

Sidoine Apollinaire et l'Auvergne au v° siècle.

PÉRIODE MÉROVINGIENNE.

PÉRIODE CAROLINGIENNE. — Le royaume d'Aquitaine. — Gerbert. Comtes bénéficiaires et comtes héréditaires d'Auvergne.

PÉRIODE CAPÉTIENNE. — La féodalité. — Géographie de la province d'après les cartulaires de Sauxillanges, de Brioude, etc.

Renaissance religieuse. Prédication de la première Croisade à Clermont, 1095. — L'abbaye de La Chaise-Dieu.

L'AUVERGNE DU XIII° AU XVI° SIÈCLE.

Vie religieuse. Le diocèse de Clermont et le diocèse de Saint-Flour. — Clergé régulier, dominicains et franciscains. — Templiers et hospitaliers.

L'Auvergne pendant les guerres anglaises.

Arts, sciences et lettres. — Le dialecte auvergnat; les troubadours d'Auvergne. — L'école romane d'Auvergne, architecture et sculpture. — L'art gothique en Auvergne.

L'Auvergne a partir du XVIe siècle.

Introduction de la Réforme à Issoire et à Clermont. Les guerres religieuses. La ligue.

L'Auvergne aux XVIIe et XVIIIe siècles.

Gouverneurs et Intendants.

La généralité de Riom. Trudaine, Rossignol, de Ballainvilliers, de Montyon.

Agriculture, industrie et commerce. — Assistance publique. — La justice : les présidiaux ; les Grands Jours. — Milice et régiments provinciaux. — Sciences, lettres et arts. — Travaux publics.

L'épiscopat de Massillon. — L'assemblée provinciale d'Auvergne.

Situation des classes en Auvergne à la veille de la Révolution : le clergé; les privilégiés ; la bourgeoisie ; les classes agricoles.

Histoire de l'Art en Auvergne.

(Cours en deux années.)

Introduction. — Les études antérieures. — Le musée de Clermont.

L'art pendant la période préhistorique : les gravures sur os, les poteries, les bronzes.

L'art pendant la période gallo-romaine.

Les bijoux mérovingiens. — L'art chrétien : les sarcophages de la Cathédrale de Clermont et des Carmes-Déchaux. — L'architecture latine : la Cathédrale de Saint-Namace.

Architecture religieuse. L'art roman-auvergnat.

Cathédrale d'Etienne II.

Les plus anciens monuments romans subsistant en Auvergne : Ris, Chamalières, Glaine-Montaigut, Le Moutier de Thiers. — Les grandes églises romanes d'Auvergne : Le Port, Issoire, Saint-Nectaire, Orcival.

Extension de l'École auvergnate hors de la province : Saint Etienne de Nevers, Sainte-Foy de Conques, Saint-Sernin de Toulouse.

Peinture et sculpture.

ARCHITECTURE RELIGIEUSE, PÉRIODE DE TRANSITION.

Saint-Hilaire-la-Croix, Compains, Blesle.

ARCHITECTURE RELIGIEUSE, PÉRIODE GOTHIQUE.

L'église des Jacobins de Clermont, Saint-Amable de Riom, Pont-du-Château.

Cathédrale de Clermont.

Églises de Montferrand, d'Aigueperse. — La Chaise-Dieu.

Architecture civile et militaire en Auvergne, au Moyen-Age

Montferrand, Clermont, Thiers, Courpière, Châteldon.

L'architecture monastique.

Architecture militaire. — Donjons de Chalus et de Tournoël. — Châteaux de Tournoël, du Murols, de Mozun. — Les églises fortifiées : Royat.

La peinture, la sculpture, etc., pendant la période gothique.

Peintures murales. — Vitraux. — Orfèvrerie. — Fondeurs de cloches et de canons. — Les sceaux, le costume, les armoiries.

La Renaissance.

Pauvreté de l'architecture religieuse : l'église d'Ambert, la Sainte-Chapelle de Vic-le-Comte.

Les meubles; le mobilier des églises.

Architecture civile : la maison consulaire d'Aurillac ; maisons à Clermont, à Montferrand, à Riom, à Salers. — Le château de Villeneuve. — La fontaine d'Amboise.

Tapisseries de La Chaise-Dieu.

L'ART AUX XVIIe ET XVIIIe SIÈCLES.

Les dentelles du Puy et d'Aurillac. La verrerie de La Margeride. La faïence de Clermont.

Conférences de paléographie et de diplomatique aux étudiants d'histoire.

Une leçon par semaine partagée entre l'exposé théorique et les exercices pratiques. — Lecture et explication de diplômes, bulles, lettres-patentes, actes privés, d'après les fac-similé de l'Ecole des Chartes et d'après des photographies de documents conservés aux archives départementales du Puy-de-Dôme.

Un des élèves qui ont suivi ces conférences a présenté une thèse sur la Charte de Cournon pour le diplôme d'Etudes supérieures d'histoire.

Histoire de la ville de Clermont-Ferrand.

INTRODUCTION. — Les sources. — Archives municipales ; archives des anciens chapitres et couvents : livres de raison.

Site de Clermont. — Les voies romaines autour d'Augusto Nemetum. — Saint-Austremoine (III⁰ siècle), Clermont devient la capitale du diocèse. — L'invasion du III⁰ siècle; construction des remparts.

LE MOYEN-AGE. — La prédication de la première Croisade et le Concile de 1095. — Luttes des évêques et des comtes ; première charte communale.

LES INSTITUTIONS MUNICIPALES. — Le consulat. — L'échevinage.

VIE RELIGIEUSE. — Pèlerinages, prières publiques. — Prédication du carême. — Les couvents : Jacobins, Cordeliers, Carmes.

INSTRUCTION PUBLIQUE. SCIENCES ET ARTS. — L'imprimerie à Clermont.

INDUSTRIE ET COMMERCE. — Confréries de métiers.

Le théâtre et les fêtes publiques.

Hygiène, police et voirie.

Renaissance et temps modernes.

La réforme. — Les guerres religieuses. — La Ligue.

RENAISSANCE CATHOLIQUE AU XVII⁰ SIÈCLE. — L'épiscopat de Massillon. Le jansénisme.

LA VIE MUNICIPALE.

Les juridictions.
Instruction publique, sciences et arts. — Théâtre.
Clermont pendant la Révolution.

Pendant un congé pris par M. Rouchon, M. Gobin, professeur au Lycée, a fait un cours sur la *Géographie physique et politique de l'Auvergne.*

1" partie. — Le pays. Orogénie et géologie. — Le climat. Hydrologie. Les lacs d'Auvergne. Flore et faune.

2ª Partie. — L'homme. La race. — Voies de communication. — Émigration.

Les divisions territoriales et leurs vicissitudes. Haute-Auvergne et Basse-Auvergne.

COURS D'ART ROMAN-AUVERGNAT

Professeur délégué : M. H. DU RANQUET.

Terminologie architecturale pour l'époque romane.
DÉFINITION DU MOT ÉCOLE. — Basiliques romaines. — Les monuments romains transformés par l'introduction systématique des voûtes. — Différentes écoles de France, leurs caractères.
GENÈSE DE L'ÉCOLE ARVERNO-ROMANE.

Cathédrale de Saint-Namace, essai de reconstitution. — Sarcophage des Carmes-Déchaux.

Eglise de Chamalières du IXe et du commencement du Xe siècle.

Glaine-Montaigut. — Apparition de la coupole en Auvergne. — Essai de reconstitution de la cathédrale d'Etienne II.

Le plan des églises d'Auvergne est très varié : une nef unique sans transept ; avec transept, trois nefs et déambulatoire, chevet semi-circulaire. — Chapelles rayonnantes. — En Auvergne le narthex occupe toute la largeur de l'édifice.

Elévation : murs en blocage par lits réguliers.
Piliers.
Colonnes.
Autel dans l'intertransept.

Plein cintre partout. — Arceaux surélevés autour du chœur. — Arcs en fer à cheval. — Arcs trilobés du triforium. — Arcs en mitre au transept.

Coupole sur trompes à l'intertransept.

Chœur couvert d'un plein cintre. — Sanctuaire à une voûte en cul-de-four placée plus bas que celle du chœur.

Crypte assez commune sous le chœur.

Les églises étaient généralement peintes.

Sculpture. — Beaux chapiteaux à ornements et à feuillages, chapiteaux à personnages moins parfaits. — Vierges d'Auvergne, Orcival, Marsat, etc.

Extérieur. — Porte habituellement avec linteau. — Souvent accompagnée d'une archivolte. — La façade occidentale, généralement très ornée dans les autres provinces, est en Auvergne très sévère.

Porches.

Faces latérales. — Arcs appliqués. — Fenêtres avec archivolte à billettes.

Abside. — Chapelles rayonnantes.

Clocher. — Clocher sur la façade occidentale. — Mosaïques.

Aire de l'Ecole auvergnate.

Influence auvergnate en Dauphiné. — Saint-Apollinaire de Valence.

Influence auvergnate en Saintonge. — Sainte-Gemme. — Saint-Eutrope de Saintes. — En Poitou. — Eglise de Parthenay-le-Vieux. Eglise de Saint-Hilaire de Poitiers.

En Nivernais. — Eglise de Saint-Etienne de Nevers.

Au sud des monts d'Auvergne. — Eglise de Conques.

En Languedoc. — Eglise de Saint-Sernin de Toulouse.

En Espagne. — Eglise de Saint-Jacques de Compostelle. — Eglises de Vera-Cruz, de Saint-Nicolas, de Saint-Laurent et de Saint-Jean à Ségovie; abside de celle d'Avila. — Cathédrales de Lugo et d'Orense.

ÉCOLE DE MÉDECINE
ET DE PHARMACIE

L'Ecole de Médecine et de Pharmacie de Clermont-Ferrand, réorganisée en 1891, est installée dans l'aile droite de la façade de l'Hôtel-Dieu de Clermont-Ferrand. Sous le péristyle de l'hôpital, on voit, à droite, une porte faisant face à la loge du concierge, et au-dessus de cette porte est écrit : « Ecole de Médecine ». Cette juxtaposition de l'Ecole de Médecine à l'Hôtel-Dieu est fort bien comprise au point de vue de la surveillance générale, car en un laps de temps très court, on peut aller d'une extrémité de l'école aux salles de clinique, ce qui permet au Directeur d'être toujours au courant des faits et gestes des élèves.

La discipline de l'école, aussi rigoureuse que possible, s'exerce par le contact intime et journalier du Directeur et des professeurs avec les élèves. Ces derniers sont soumis à un contrôle rigoureux et ne peuvent s'absenter sans raisons légitimes.

Comme dans toutes les écoles secondaires, l'enseignement le plus important est celui de l'anatomie et des cliniques.

CLINIQUE CHIRURGICALE
Professeur : M. Bousquet.

La clinique chirurgicale est installée dans deux salles de l'Hôtel-Dieu : les hommes, salle Duprat, 28 lits ; les femmes, salle Fleury, 22 lits. A ce service se trouvent encore annexés les vénériens hommes, installés dans une vaste salle voûtée qui se nomme salle Saint-Augustin.

CLINIQUE MÉDICALE

Professeur : M. Du Cazal.

A la clinique médicale sont aussi affectées deux salles : la salle Saint-Vincent pour les hommes et la salle Sainte-Marie pour les femmes.

Il y a dix ans environ, on a construit dans les jardins de l'Hôtel-Dieu une Maternité qui répond à toutes les exigences modernes. On y hospitalise durant toute l'année les femmes en couche de la ville et du département. Cette Maternité appartient pendant huit mois à l'Ecole de Médecine dont elle reçoit les élèves, et, durant quatre mois, elle sert à l'instruction des élèves de l'Ecole départementale d'accouchement.

Pendant le Service d'hiver, la clinique médicale et la clinique chirurgicale fonctionnent seules. Chacun des professeurs fait, trois fois par semaine, une leçon d'une heure au moins soit au lit du malade, soit dans des salles spéciales dites « Salles de Démonstrations cliniques ».

Les cas intéressants sont nombreux, car l'Hôtel-Dieu de Clermont-Ferrand est un hôpital régional, et comme tel, il reçoit tous les malades intéressants des départements voisins. Pour se faire une idée de l'activité des Services il suffira de consulter les statistiques publiées par le professeur de clinique chirurgicale ; elles prouvent qu'à Clermont-Ferrand on pratique annuellement 250 à 300 grandes opérations. Deux salles d'opérations, très suffisamment aménagées, sont annexées à la clinique chirurgicale : l'une est placée à l'extrémité de la salle des hommes, l'autre est une dépendance du service des femmes.

PETITE CHIRURGIE

Professeur suppléant : M. Bide.

Semestre d'hiver. Jeudi à 5 heures.

MÉDECINE OPÉRATOIRE

Professeur suppléant : M. BIDE.

Semestre d'été. Mercredi à 4 h. 1/2.

PATHOLOGIE

Professeurs : MM. GAGNON et FOURIAUX.

PATHOLOGIE INTERNE

Professeur : M. FOURIAUX.

Le cours de Pathologie interne commence dans la première semaine de novembre et se termine au 15 mars. Il comporte trois leçons par semaine qui ont lieu le lundi, le mercredi et le vendredi à onze heures. Chaque leçon dure une heure.

Les élèves de 2ᵉ et de 3ᵉ année sont tenus d'y assister.

Le sujet du cours pour le semestre de 1899-1900 est : maladies du tube digestif.

CLINIQUE OBSTÉTRICALE

Professeur : M. PLANCHARD.

Pendant le deuxième semestre de l'année, les cliniques médicale et chirurgicale ont lieu durant deux jours par semaine, seulement, les deux autres jours étant utilisés par le professeur de clinique d'accouchements.

Les élèves de l'Ecole de médecine sont distribués par séries dans les Services de clinique de l'Ecole et, sous la direction des chefs de clinique, ils sont exercés par séries au diagnostic.

ANATOMIE

Professeur : M. TIXIER.

Professeur suppléant : M. CAVALIÉ.

Avec les cliniques, le service le plus important de l'école est certainement celui de l'anatomie. Grâce à des conventions spéciales passées avec l'asile des aliénés de la Collette, celui de Sainte-Marie à Clermont, et avec la Maison centrale de Riom, l'Ecole est toujours amplement munie de cadavres. Les dissections sont obligatoires au même titre que les cliniques.

Le Service de l'Anatomie est sous la haute direction du professeur d'Anatomie, assisté du professeur suppléant, qui est en même temps chef des travaux. Ce dernier s'assure de la présence des élèves à l'amphithéâtre, dirige leurs premières études et rend compte, au Directeur, de leur assiduité et de leurs progrès.

Trois absences dans le cours d'un trimestre soit aux dissections, soit aux cliniques, entraînent la radiation d'une inscription. A partir du mois d'avril, les dissections sont suspendues et remplacées par des exercices pratiques de médecine opératoire. Ces exercices sont faits sous la direction du professeur suppléant de Chirurgie, chef des travaux de médecine opératoire.

Pendant la saison d'été, les travaux de physiologie et d'histologie remplacent les cours et exercices d'hiver.

Les cours théoriques, Pathologie externe et interne, sont de beaucoup les moins suivis par les élèves ; il serait à souhaiter qu'on s'occupât, en haut lieu, de modifier cette partie de l'enseignement.

Les étudiants en pharmacie sont astreints à la même discipline et à la même surveillance que les étudiants en médecine. Trois fois par semaine, ils assistent aux travaux pratiques de huit heures du matin à midi et suivent les cours spéciaux qui leur sont faits.

L'enseignement de l'Anatomie comporte des cours et des travaux pratiques de dissection.

Cours. — *Programme du cours du semestre d'été 1899-1900.*

Anatomie descriptive de la tête et du tronc : ostéologie, arthrologie, myologie.

Splanchnologie : appareil de la digestion.

Programme du cours (semestre d'hiver 1899-1900).

Anatomie topographique des membres.

Système nerveux : axe cérébro-spinal, grand sympathique, nerfs périphériques.

Travaux pratiques. — Les étudiants de 1re et de 2e année s'exercent à la dissection cadavérique pendant le semestre d'hiver.

Les étudiants de 3ᵐᵉ année assistent à des travaux d'Anatomie topographique.

Un seul pavillon était, jusqu'à cette année, affecté aux travaux pratiques. On a fait aménager, cette année, un deuxième pavillon, devenu indispensable à cause du nombre croissant des étudiants.

L'enseignement pratique à l'amphithéâtre vient compléter l'enseignement théorique des cours et le travail personnel des élèves.

Des démonstrations pratiques sont faites chaque jour par le professeur suppléant et par le chef des travaux pratiques.

Les étudiants en doctorat de 1ʳᵉ et de 2ᵉ année sont donc favorisés pour s'exercer et pour acquérir la science anatomique, si utile au futur médecin.

Les nouveaux programmes d'études médicales comportant une épreuve d'anatomie topographique au troisième examen de doctorat (1ʳᵉ partie), les étudiants de 3ᵉ année sont admis à suivre des leçons pratiques de cette science avec applications à la médecine et à la chirurgie.

ANATOMIE PATHOLOGIQUE

Professeur : M. Maurin.

Autopsies. — Examen et description macroscopique de pièces anatomo-pathologiques.

Etude de la tuberculose en général. — Examen macroscopique, histologique, bactériologique.

Etude de la tuberculose dans les divers organes.

Etude du cancer en général et dans les différents organes. Examen macroscopique et histologique.

HISTOLOGIE

Professeur : M. Lepetit.

Le cours d'histologie a lieu pendant le semestre d'hiver, trois fois par semaine, le mardi, le jeudi et le samedi. Des trois conférences, deux, le mardi et le samedi, sont occupées par le cours théorique ; celle du jeudi est consacrée aux exercices pratiques.

Le cours est suivi par les étudiants en médecine de 1re et 2e année.

PHYSIOLOGIE

Professeur : M. Billard.

L'enseignement de la Physiologie à l'École de Médecine de Clermont-Ferrand comprend deux parties :

1° L'enseignement théorique fait au cours ;
2° L'enseignement pratique fait au laboratoire.

Enseignement théorique. — Pendant le semestre d'été de l'année 1899, on a enseigné les fonctions de nutrition. C'est par l'étude de la *Circulation* que l'on débute, car les élèves au sortir du Service d'anatomie voient dans le mécanisme circulatoire un intérêt immédiat ; ils en connaissent bien l'organisation et trouvent de suite une application pratique dans les Services de médecine.

L'étude de la circulation est suivie de celle du *Sang* et de la *Lymphe*, et les élèves, ayant déjà acquis un peu de sens physiologique, suivent facilement par la suite l'étude sur la Respiration, la Digestion et la Chaleur animale.

Dans le cours, le professeur essaye de stimuler l'attention de son auditoire en lui montrant les liens si nombreux, inévitables, qui unissent la physiologie à la pathologie ; et il s'efforce de le convaincre qu'il n'est pas de médecine possible sans physiologie.

L'enseignement, pour l'année 1900, comprendra l'étude du Muscle, du Système nerveux, de la Sécrétion rénale et des Sécrétions internes.

Enseignement pratique. — L'enseignement est complété par des travaux pratiques où les élèves, appelés par séries, peuvent manipuler eux-mêmes les divers instruments ou appareils du laboratoire et surtout ceux qui leur seront plus tard utiles dans leur pratique médicale (cardiographes, sphygmographes, pneumographes, etc.).

La ville de Clermont s'est montrée généreuse, et l'on peut à l'heure actuelle disposer pour l'enseignement ou pour les recherches d'un matériel suffisant.

MATIÈRES MÉDICALES

Professeur suppléant : M. LAFONT.

Le cours est fait en trois années.

Dans la première année sont étudiés :

1° Les produits les plus importants fournis par le règne animal.

2° Les produits fournis par les Acotylédones et les Monocotylédones.

Dans la 2e et la 3e année :

Les produits fournis par les Dicotylédones.

L'étude des produits d'origine végétale est basée sur la classification des familles naturelles, telle qu'elle est exposée dans le *Genera Plantarim*, de Bentham et Hooker.

Peu nombreux, les produits d'origine animale sont étudiés, d'après l'ordre de leur importance, au point de vue thérapeutique.

PHYSIQUE BIOLOGIQUE

Professeur : M. Ch. TRUCHOT.

I. — Créée en 1888, la chaire de Physique de l'Ecole de Médecine dispose actuellement de trois pièces, en dehors de l'amphithéâtre des cours, communes à la Physique, à la Chimie et à l'Histoire naturelle. La plus grande (de 12" sur 4" 50) sert de laboratoire pour les préparations des cours et pour les manipulations. Dans les vitrines qui la garnissent de trois côtés se trouvent les instruments et appareils de démonstration. Toutefois, une collection de pièces anatomiques y est aussi conservée. Si nous ajoutons que ce laboratoire sert également aux manipulations de physiologie, on verra que son utilisation est aussi complète que possible.

Des deux autres pièces, l'une (de 4" 50 sur 2" 40) constitue le cabinet du professeur ; un petit cabinet noir de photographie y a été aménagé ; l'autre, de mêmes dimensions, constitue la salle de radiographie et de radioscopie.

Nous ne détaillerons pas ici les appareils réunis dans le cabinet de Physique ; il suffira de dire qu'ils ont été choisis non pas pour des expériences de science pure, mais bien en vue des app...

médicales de la Physique, et de l'instruction professionnelle des Elèves. Toutefois, nous mentionnerons une dynamo actionnée par un moteur à gaz, et une batterie d'accumulateurs, qui, depuis 10 ans, ont rendu et rendent chaque jour de précieux services.

II. — Le professeur fait pendant le semestre d'hiver un cours de Physique médicale, réservé aux élèves en pharmacie. Le cours est complet en 3 ans ; il comprend l'étude des phénomènes et des lois de la Physique, en insistant sur les applications à la Médecine et à la Pharmacie.

Pendant le semestre d'été, un cours de Physique biologique est fait aux élèves en médecine de 1ʳᵉ et de 2ᵉ année.

La Physique biologique est une science introduite tout récemment dans l'Enseignement, et pour en être moins facile, parce qu'elle est moins classique, son étude n'en est que plus attrayante. On peut la définir : l'étude des phénomènes et des agents physiques dans leurs rapports avec la Physiologie, et aussi l'étude des appareils et des méthodes physiques utilisées en Physiologie, en Clinique, en Thérapeutique. Un tel sujet est vaste, et le temps manquerait pour le parcourir complètement. D'autre part, une suite de monographies détachées présenterait moins d'intérêt. Il a paru préférable de choisir un sujet d'ensemble, que l'on pourrait intituler : l'Homme physique, c'est-à-dire, l'étude de l'homme au point de vue de ses propriétés physiques, de ses réactions avec les agents physiques, de ses organes considérés comme appareils comme instruments ou machines.

Le sommaire résumé de ce cours, fait en deux ans, en donnera une idée suffisante :

1ʳᵉ année. — Etude du corps humain ; étendue, taille, surface, volume, poids, centre de gravité, densité.

Ténacité, dureté, élasticité des tissus.

Mécanique animale.

Phénomènes physiques de la respiration, de la circulation.

Chaleur animale ; mesures des températures, méthodes et appareils, résultats. — Calorimétrie animale.

Le moteur animé.

L'œil, instrument d'optique : vision, accommodation, anomalies.

Vision des couleurs, anomalies.

Ophtalmoscopie, Skiascopie.

Applications médicales de la lumière : Endoscopes, Réfractomètres, Spectroscopes, Calorimètres, Hématoscopes, Saccharimètres, etc.

Phénomènes physiques de la Phonation et de l'Audition.

2ᵉ année. — Applications médicales de l'Electricité :
Electrophysiologie, Electrothérapie.
Le courant électrique : forme des courants, sources des courants.
Transformateurs.
Réglage et mesure des courants.
Effets physiologiques des courants.
Electrodiagnostic.
Electrothérapie.

Manipulations. — Des manipulations de Physique, dirigées par le chef des travaux, sont faites pendant le semestre d'été. Les élèves y sont exercés au maniement des appareils dont la description et l'usage ont été indiqués au cours.

Le Professeur y assiste le plus souvent possible.

III. — *Service électrothérapique.* — En 1890, un Service électrothérapique a été annexé à la chaire de Physique, et très modestement installé d'abord, dans le petit cabinet où se trouvent actuellement les appareils radiographiques.

La dynamo, destinée aux usages du cours de Physique, fut utilisée comme source unique de courants, soit pour la production du courant continu, soit pour actionner un appareil faradique, soit encore pour produire des courants sinussoïdaux, soit enfin pour alimenter un galvanocautère ou de petits appareils d'exploration (laryngoscope et cystoscope électriques, etc.). Pour le dire en passant, cette application d'une dynamo industrielle (d'une puissance de 1,100 watts) aux usages médicaux était réalisée pour la première fois.

A la fin de 1889, l'Administration des Hospices voulut bien concéder la jouissance d'une piè · assez grande (6ᵐ 50 × 5ᵐ 70), pour y installer plus au large le Service électrothérapique. De simples cloisons en planches la divisent en 4 parties.

IV. — *Service radiographique.* — A la fin de 1897, un Service radiographique a été installé dans la petite salle d'électrothérapie et y est actuellement maintenu.

Il comprend une bobine de 0™ 35 d'étincelles, actionnée par la dynamo ou par les accumulateurs; un écran fluorescent pour la radioscopie, et des tubes Müret et Chabaud.

Un système de rideaux noirs permet, au besoin, de faire l'obscurité.

Ces différents Services reçoivent les malades de l'Hôtel-Dieu, ainsi que les malades indigents envoyés du dehors.

Les élèves peuvent assister aux séances d'Electrisation ou de Radiographie, afin de se familiariser avec ces précieuses méthodes d'investigation et de traitement.

A côté du Préparateur du cours de Physique, un aide de Clinique, chargé plus spécialement des Electrisations courantes et du développement des clichés radiographiques, assiste le Chef de Service.

CHIMIE

Professeurs : MM. Huguet et Gros.

TRAVAUX PRATIQUES DE CHIMIE ET DE PHYSIQUE

Chef des travaux : M. Gros.

Les travaux pratiques de Chimie et de Physique sont obligatoires pour les étudiants en médecine de première et de deuxième année, pour tous les étudiants en pharmacie.

Pour les premiers, les manipulations ont lieu pendant le semestre d'été, une fois par semaine. Elles comportent l'étude, tant au point de vue physique qu'au point de vue chimique, des caractères des principaux liquides de l'organisme (sang, bile, urine, lait, etc.), soit à l'état normal, soit à l'état pathologique ; recherche du sang au point de vue médico-légal, etc.

Les élèves sont exercés au maniement des principaux instruments utilisés en Physiologie, en Clinique, en Thérapeutique : Sphygmographes, Cardiographes, Pneumographes, Hématoscopes, Spectroscopes, Saccharimètres, Ophtalmoscopes, Optomètres, Phacomètres, Astigmomètres, appareils galvaniques et faradiques, etc. etc.,

Le côté pratique des études pour les étudiants en pharmacie est encore plus développé.

Les manipulations chimiques ont lieu pendant toute l'année, trois fois par semaine de huit heures à midi. Chaque année d'étude a un programme spécial.

Ainsi la première année s'occupe des préparations et essais qualitatifs des produits chimiques intéressant surtout la pharmacie.

En deuxième année, ce sont les analyses qualitatives par voie sèche et par voie humide, les dosages et leurs applications aux alliages, engrais, terres, eaux potables et minérales et substances alimentaires. Pour ces dernières, un concours de circonstances très heureux qui a placé le laboratoire municipal, chargé de vérifier quotidiennement la pureté des produits alimentaires, sous la direction du chef des travaux chimiques, dans les locaux contigus au laboratoire des élèves, permet à ceux-ci de pratiquer aussi souvent qu'ils le veulent ces recherches spéciales.

En troisième année on étudie surtout les méthodes enseignées pour les essais des médicaments chimiques et galéniques, et se rapportant aux caractères spécifiques d'identité et de contrôle.

L'analyse chimique d'urine est complétée par l'examen microscopique des dépôts.

En outre, un laboratoire bactériologique installé à la suite des laboratoires des élèves, leur permet de pratiquer les différents modes de stérilisation, le sérodiagnostic, l'examen des crachats et des fausses membranes, ainsi que l'analyse microbienne d'une eau potable au double point de vue quantitatif et qualitatif. Enfin des manipulations de physique générale et appliquée complètent cet enseignement pratique dont le but est de former des praticiens à la hauteur de leurs fonctions.

BOTANIQUE MÉDICALE

Professeur : M. le D' GIROD.

Le cours magistral (semestre d'été) a trait à l'étude systématique des familles végétales. — Le cours est complété par des excursions hebdomadaires soit dans les environs immédiats de Clermont, soit dans la chaîne des monts Dômes et des monts Dores. Les élèves peuvent ainsi, en très peu de temps, acquérir des connaissances pratiques concernant une flore extrêmement variée, qui comprend, en effet, la végétation de la plaine, la végétation montagnarde et même la végétation alpine, nettement caractérisées sur les sommets mont-doriens.

ZOOLOGIE MÉDICALE ET PARASITOLOGIE

Professeur suppléant : M. Bruyant.

Les cours complémentaires comprennent, d'une part, le cours de Zoologie médicale destiné aux étudiants en pharmacie et professé pendant le semestre d'hiver ; de l'autre, le cours de Parasitologie (semestre d'été) destiné aux élèves en médecine de troisième année. Ce cours est complété par des démonstrations pratiques touchant la recherche et la détermination des parasites.

Chef des Travaux : M. Bruyant. — Les travaux d'Histoire naturelle, suivis par les élèves en pharmacie, se rapportent aux applications de l'Histoire naturelle et particulièrement à l'étude micrographique des drogues simples d'origine végétale.

SOCIÉTÉ DES AMIS DE L'UNIVERSITÉ
DE CLERMONT-FERRAND

La Société des Amis de l'Université, dûment autorisée par arrêté de M. le Préfet du Puy-de-Dôme, en date du 11 novembre 1898, comprend actuellement plus de six cents membres. Son siège est à *Clermont-Ferrand, rue Ballainvilliers, n° 62.*

Elle a pour objet d'aider, par ses subventions, au développement de l'Université de Clermont, d'accroître le nombre de ses étudiants et aussi d'établir un lien entre les personnes qui, dans ce pays, s'intéressent aux choses de l'esprit.

En outre des subventions qu'elle fournit à l'Université, elle alloue à M. Audollent, maître de conférences à la Faculté des Lettres, une somme de 600 francs pour servir à l'étude des ruines du sommet du puy de Dôme.

Elle possède une publication intitulée *Revue d'Auvergne* qui paraît tous les deux mois, et dans laquelle les membres de la Société peuvent être admis à publier leurs travaux.

Pour faire partie de cette Société, il suffit d'être présenté par deux membres du Conseil d'Administration et accepté par la Société.

Le montant de la cotisation annuelle *donnant droit à la Revue d'Auvergne* est de 5 francs pour les étudiants et de 10 francs pour les autres personnes.

La Société s'occupe tout spécialement, par l'intermédiaire d'un de ses membres, M. Rongier, greffier en chef du Tribunal civil, demeurant avenue de Royat, 14 (Chamalières), de procurer le logement aux étudiants étrangers, de leur créer des relations, de les aider dans leurs études, en un mot, de rendre leur séjour en Auvergne agréable, en même temps qu'utile. Dès à présent, la Société est en mesure de procurer des pensions de famille aux étudiants étrangers, à Clermont et surtout à Royat qui est rattaché à cette ville par un tramway électrique.

www.ingramcontent.com/pod-product-compliance
Lightning Source LLC
LaVergne TN
LVHW051458090426
835512LV00010B/2214